上海市学生健康促进工程系列丛书

丛书主编◎薛明扬

学生体育运动安全管理手册

陈佩杰◎主编

华东师范大学出版社

"上海市学生健康促进工程系列丛书"编委会

顾　问
　　蔡　威
　　杨贵仁
　　王登峰
　　杨立国

主　任
　　薛明扬

副主任
　　李骏修

编　委（以姓氏笔画为序）
　　王从春　　王磐石　　陈佩杰　　季　浏　　沈建华　　杨　琼
　　金星明　　郭　蓓　　姚颂平　　柏　丹　　徐阿根　　徐燕平

本书编委会

主　任
　　倪闽景

副主任
　　丁　力

主　编
　　陈佩杰

编　委（以姓氏笔画为序）
　　山　广　　仇虹豪　　庄　洁　　刘卫国　　杨玉娟　　杨　琼
　　李　植　　吴雪萍　　沈　洪　　宋向阳　　陈佩杰　　欧阳芳
　　柏　丹　　施峻峰　　徐阿根　　盛　怡　　谢庆甫

共绘愿景　走向科学
——"上海市学生健康促进工程系列丛书"序

　　青少年健康水平事关青少年个体成长发展,事关国家前途和民族未来。《上海市中长期教育改革和发展规划纲要(2010—2020年)》确立了"为了每一个学生的终身发展"的核心理念,并将"学生健康促进工程"确定为推动上海教育改革发展的十大重点项目之一。2011年7月,市委、市政府召开了全市学生健康促进大会,就全面实施学生健康促进工程作出系统部署。

　　学生健康促进工程启动实施一年多来,上海青少年学生的体质健康水平有了明显改善。最近实施的全市中小学生体质健康测试结果显示,上海中小学生体质健康综合评价优良率为64.3%,高出上年5.3个百分点,速度、力量、耐力等方面的各项身体素质达标率也全面提高。但随着学生健康促进工程的不断深入,许多新举措的设计、执行及其效果的评估必将越来越依赖科学理论和方法的支撑。能否在实践中形成科学认知、把握客观规律,并用于指导实践,进而促进学校体育卫生事业科学发展,已成为深入实施学生健康促进工程面临的严峻考验。为此,本市教育部门设立了专项资金支持学校体育卫生工作者和科研人员开展体育卫生专项科研,并积极鼓励相关创新实践,目前正在陆续出版的这套"上海市学生健康促进工程系列丛书",就是这些科研成果和创新实践的集中展示。

　　该丛书将逐年出版,内容将包括体育文化建设、体育创新人才培养和创新团队建设、体质健康和心理卫生研究、阳光体育与体教医教结合研究等诸多方面。我深信,这套丛书的出版,不仅是对参与相关研究和实践的学校体育卫生工作者的激励,也将对全市学校体育卫生教师队伍建设产生积极影响,必将为推动学生健康促进工程全面协调可持续实施提供科学的理论指导和方法支撑,必将为促进学校体育卫生工作科学发展作出重要贡献。

沈晓明

科学预防风险　积极强身健体

　　青少年健康事关国家和民族的未来，事关亿万家庭的福祉，是每一个人健康成长和幸福生活的根基。党中央和国务院高度重视青少年的体质健康，出台了一系列重大改革举措，加强学校体育工作。党的十八届三中全会对学校体育工作做出重要部署，明确提出"强化体育课和课外锻炼，促进青少年身心健康、体魄强健"，学校体育运动的重要性日益突出。然而，我国青少年体质健康水平持续下滑的现象并未得到根本扭转，体育成为学校教育的短板，不少学生甚至不能掌握一项终身受益的运动项目。因此，学校体育改革的核心任务就是在体育课上教会学生运动（特别是竞技运动）技能，组织经常性的竞技比赛，激励学生积极参加课余训练，不断提高竞技水平和体质健康水平。

　　然而，体育活动种类繁多，大部分运动会出现活动双方或者几方的身体接触，加之体育活动本身具有对抗性强和竞争激烈等特点，在运动中受伤几乎不可避免。学生体育运动受伤虽属小概率事件，但家长怕受伤，学校怕担责，技能性、对抗性体育活动"因噎废食"被不断压缩，学生被"圈养"，运动中的自我防范能力难以形成，学生更易受伤。学校体育改革必须首先解决这个"拦路虎"。

　　近年来，随着国家对学校体育工作的不断重视和深入开展，学生和家长安全意识的觉醒和维权意识的增强，校长们在开展学校各项体育运动和户外活动过程中无时无刻不被其困扰。故校园体育运动伤害已经成为阻碍学校推动学生体育锻炼的一个重要因素，严重影响到学生身心健康发展。如何防止和控制学校体育运动伤害风险的发生成为当前亟待破解的校园热点问题之一。2015年，教育部制定了《学校体育运动风险防控暂行办法》，对教育主管部门、学校、教师等行为和责任加以规范，如规定教师在课前必须检查体育器材、学生运动前必须热身等。近日，国务院办公厅《关于强化学校体育促进学生身心健康全面发展的意见》下发，《意见》指出，要健全学校体育运动伤害风险防范机制，保障学校体育工作健康有序开展。这无疑为学校体育运动的开展开出了一剂良方。基于此，中小学急需结合实际制定中小学体育与健身安全指导工作守则，以此引导和规范师生的体育教育教学行为，为学生的身心健康发展保驾护航。

　　科学预防是前提，综合治理是根本。上海市积极探索学校体育运动风险防控有效举措,形成了许多在全国具有可复制、可推广的改革经验。2016年3月,上海市在全国首个试点推出了一个专门针对校园体育运动意外伤害设计的校园基金。设立公益性基金,是解决这一"家长担心、校长关心、社会关注"的体育运动伤害问题的重要保障机制。据研究,采取科学的防护方法,体育运动伤害不仅可以预防和控制,而且效果十分显著。上海市由市政府分管领导牵头组建课题组,开展了"上海市学生校园体育运动伤害事故现状、成因及干预"课题研究,为学校科学预防体育运动风险提供理论支撑,为学校和教师解除后顾之忧。为加大课题研究成果的转化力度和指导价值,上海市教育委员会组织力量编写"中小学体育运动安全手册"。这是全国首套有关中小学体育运动规范的读本,包括:《学生体育运动安全手册》(小学版、中学版、教师用书)及《学校体育运动安全管理手册》。我深信,这套"中小学体育运动安全手册"的出版,不仅有助于培养学生的自我保护意识和能力,也将成为规范学校体育教师教学和学校体育运动安全管理的重要依据,能够解除家长、学校及学生各方的后顾之忧,形成学校积极组织、家长真心支持、学生乐于参与的校园体育运动的良好生态环境,为儿童青少年的身体健康和终身幸福打下坚实的基础,也必将为学校体育工作科学发展作出重要贡献!

教育部体育卫生与艺术教育司司长
王登峰

目录

第一章 法律视野下的中小学体育运动安全管理　1

第一节　学校与学生的法律关系　/3
一、学校与学生基于教育权的法律关系　/4
二、学校与学生民事法律关系　/5

第二节　中小学体育运动伤害事故的法律责任　/5
一、学校承担体育运动风险的三种情形　/6
二、学校承担事故责任的具体情形　/6

第三节　中小学体育运动安全的管理职责　/8
一、中小学的管理职责　/8
二、相关责任主体的管理职责　/9

第四节　上海市中小学体育运动安全管理举措　/10
一、推行第三方调解处理机制　/11
二、首创学校体育运动伤害专项保障基金　/12
三、编制《学生体育运动安全手册》　/12

第二章 中小学体育教学活动安全的规范管理　15

第一节　中小学体育课教学安全的规范管理　/17
一、中小学体育教学组织安排安全的规范管理　/18

二、使用运动场地和器材设备安全的规范管理　/ 19
　　　三、中小学体育教学中应急情况的规范管理　/ 20
　第二节　中小学课外体育活动安全的规范管理　/ 21
　　　一、中小学课外体育活动安全规范管理原则　/ 22
　　　二、中小学校内体育活动安全的规范管理　/ 22
　　　三、中小学校外体育活动安全的规范管理　/ 26
　第三节　中小学生体育活动行为规范管理　/ 27
　　　一、中小学生体育运动中规则意识的培养　/ 27
　　　二、中小学生体育运动中道德规范的培养　/ 28
　　　三、中小学生运动中动作技术运用规范的培养　/ 30
　　　四、中小学生体育运动竞赛的行为规范管理　/ 31

第三章　中小学体育运动场地和运动器材的安全管理　33

　第一节　中小学体育运动场地和器材的配置　/ 35
　　　一、中小学体育运动场地建设要求　/ 35
　　　二、中小学体育器材配置要求　/ 37
　第二节　中小学体育运动场地和器材的日常管理　/ 38
　　　一、体育运动场地和器材的使用规则　/ 38
　　　二、体育运动场地和器材的管理制度　/ 40
　第三节　中小学体育运动场地和器材的维护保养　/ 41
　　　一、体育运动场地的日常维护　/ 41
　　　二、体育运动器材的日常维护　/ 43

第四章　中小学体育运动突发事件的应急管理　45

　第一节　学校体育运动突发事件的原因和类型　/ 47
　　　一、学校体育运动突发事件的原因　/ 48
　　　二、学校体育运动突发事件的类型　/ 49
　第二节　学校体育运动突发事件的应急管理方法　/ 51
　　　一、学校体育活动突发事件应急管理的操作流程　/ 51
　　　二、学校体育活动突发事件应急管理的注意事项　/ 52

三、学校体育活动突发事件应急管理的备案制度 /53
第三节 学校体育运动突发事件的应急管理的制度保障 /53
　　一、学校层面的制度保障 /54
　　二、体育教师层面的制度保障 /55

第五章　中小学体育运动安全防控制度建设　57

第一节　中小学体育运动安全防控的认知 /59
　　一、中小学体育运动的风险评估 /60
　　二、中小学体育运动伤害事故发生的原因分析 /61
　　三、中小学体育运动风险的预防措施 /62
第二节　中小学体育运动安全的保障机制 /63
　　一、中小学体育运动安全宣传教育 /64
　　二、中小学体育运动安全常规管理 /64
　　三、中小学体育运动安全制度建设 /65
　　四、中小学体育运动安全资源保障 /66
第三节　中小学体育运动安全管理的处理机制 /67
　　一、中小学体育运动安全事故的现场处置原则 /67
　　二、中小学体育运动安全事故的后续解决途径 /68
　　三、中小学体育运动安全事故的理赔与其他 /70
第四节　中小学体育运动安全的责任认定机制 /70
　　一、中小学体育运动安全责任认定的参与主体 /71
　　二、学校有可能承担主要责任的常见类别 /71
　　三、学生有可能承担主要责任的常见类别 /72
　　四、第三方有可能承担主要责任的常见类别 /74

附录一：《学生伤害事故处理办法》 /75
附录二：《上海市中小学校学生伤害事故处理条例》 /81
附录三：学生伤害个案报告卡 /86
附录四：中小学伤害事故统计表 /88

第一章

法律视野下的中小学体育运动安全管理

学生身心健康发展不仅事关国家和民族未来发展,也直接关涉到每一个家庭的福祉,保障学生身心健康发展一直是全社会共同关注的焦点问题。继十一届全国人大四次会议批准的《政府工作报告》强调"保证中小学生每天一小时校园体育活动"后,党的十八届三中全会又发出了"强化体育课和课外锻炼,促进青少年身心健康、体魄强健"的时代强音。学校体育得到了前所未有的重视,从中央到地方,政府出台了一系列政策文件以促进学生身心健康发展。但由于体育本身存在一定的风险,再加上随着我国社会不断进步与发展,公民的自我保护意识、维权意识不断增强,由运动伤害事故引发的风险成为学校、教师乃至社会高度关注的问题,这在一定程度上影响了学校体育的健康发展。如何化解风险并促进学校体育健康发展,成为学校管理中的一项重要工作。国家为此出台了一系列政策法规,用以规范并明确相关利益主体的责任。

第一节 学校与学生的法律关系

从国家出台的一系列政策法规来看,有关学校体育运动伤害的法律法规大致可分为两大阶段。第一阶段,将学校体育运动伤害作为学生伤害事故的一部分,归并到有关的政策法规之中,进而依据相关的政策法规予以处理,即并未有专门的学生体育运动伤害的相关法律法规,比如《中华人民共和国未成年人保护法》(2012年10月26日第二次修正)、《学生伤害事故处理办法》(2010年12月13日修改)以及《上海市中小学校伤害事故处理条例》(2011年11月17日修正)等地方性法规。第二阶段,出台专门办法防范体育运动伤害风险。2015年教育部出台了《学校体育运动风险防控暂行办法》,这是我国第一个针对学校体育运动风险防控的办法。该办法明确了学校体育运动各个环节的风险管理责任,为学校和体育工作者"松绑"。同时也为建立、健全学校体育运动风险防控制度、规范学校体育运动各环节风险防控提供了基本依据。中央和地方政府已充分认识到,化解学校体育运动伤害风险对促进学校体育可持续发展的重要性。2016年5月,国务院办公厅下发《关于强化学校体育 促进学生身心健康全面发展的意见》(以下简称《意见》)。《意见》进一步指出,要健全学校体育运动伤害风险防范机制,保障学校体育工作健康有序开展。这无疑为学校体育运动风险防范开出了又一剂良方。

一、学校与学生基于教育权的法律关系

由于体育运动自身带有一定的对抗性和激烈性,所以体育运动损伤是难以避免的。虽然体育运动伤害是小概率事件,但是学生一旦受伤,不仅会给学生及其家庭带来巨大的烦恼,甚至造成严重的伤害,也会给学校和体育教师带来严重的困扰,有时甚至严重影响学校的正常教学秩序。因此,学校必须通过包括法律在内的各种有效方式,积极、主动地处理好学生体育运动伤害事故,尽最大努力降低事故给各方带来的影响。而依法对学校体育运动伤害事件进行处理的前提,是理清相关各方的法律关系。其中,最核心的是学校与学生的法律关系。

《中华人民共和国教育法》第九条规定:"中华人民共和国公民有受教育的权利和义务。公民不分民族、种族、性别、职业、财产状况、宗教信仰等,依法享受平等的受教育机会。"受教育权是公民的基本权利。由于中小学生是未成年人,法律针对其提出了特殊的保障性条款,以维护未成年人的受教育权益。《中华人民共和国未成年人保护法》第二十二条规定,学校、幼儿园、托儿所应当建立安全制度,加强对未成年人的安全教育,采取措施保障未成年人的人身安全;不得在危及未成年人人身安全、健康的校舍和其他设施、场所中进行教育教学活动。第二十四条规定,学校对未成年学生在校内或者本校组织的校外活动中发生人身伤害事故的,应当及时救护,妥善处理,并及时向有关主管部门报告。

未成年人接受义务教育是一项基本的公民受教育权,法律予以强制执行,确保国民素质的整体提升。《中华人民共和国义务教育法》规定,适龄儿童接受义务教育是一项强制任务,学校不得拒绝。也就是说,根据我国的法律法规,学校与学生的法律关系并非完全意义上的契约合同关系,更多的是一种教育管理关系。学校对学生的人身安全负有教育、管理与保护之责。《中华人民共和国侵权责任法》(以下简称《侵权责任法》)第三十八条规定:"无民事行为能力人在幼儿园、学校或者其他教育机构学习、生活期间受到人身损害的,幼儿园、学校或者其他教育机构应当承担责任,但能够证明尽到教育、管理职责的,不承担责任。"《侵权责任法》使用了"教育、管理职责"。

《最高人民法院关于审理人身损害赔偿案件适用法律若干问题的解释》第七条规定:"对未成年人依法负有教育、管理、保护义务的学校、幼儿园或者其他教育机构,未尽职责范围内的相关义务致使未成年人遭受人身损害,或者未成年人致他人人身损害的,应当承担与其过错相应

的赔偿责任。"《北京市中小学生人身伤害事故预防与处理条例》第九条明确规定:"在教育教学活动期间,学校依法对学生负有教育、管理和保护的职责。"从以上相关法律规定与条文可以看出,学校与学生的法律关系,具体而言,就是学校依法承担对学生教育、管理、保护的职责。

二、学校与学生民事法律关系

虽然政府出台了一系列的政策法规,但是实践中处理学生体育运动伤害事故更多依据的是《学生伤害事故处理办法》。该办法明确规定:"在学校实施的教育教学活动或者学校组织的校外活动中,以及在学校负有管理责任的校舍、场地、其他教育教学设施、生活设施内发生的,造成在校学生人身损害后果的事故的处理,适用本办法。"学生体育运动伤害也属于此范畴,其符合适用该办法的三个特征:一是事件主体为在校学生;二是学生伤害事故既可以发生在校内,也可以发生在校外,只要是学校实施的、组织的或者负有管理职责的;三是学生伤害事故给在校学生造成了人身损害。由此可以看出,体育运动伤害也是学生伤害类型之一。

《学生伤害事故处理办法》第八条规定了学生伤害事故的归责原则,即发生学生伤害事故,造成学生人身损害的,学校应当按照《中华人民共和国侵权责任法》及相关法律、法规的规定,承担相应的事故责任。这一条款规定的学生伤害的责任包括民事责任、行政责任和刑事责任。其中,民事责任属于侵权民事责任。所谓"侵权民事责任",是指社会主体对受法律保护的权益实施侵害或基于特殊法律事实的发生而导致的损害,所承担的一种赔偿或补偿的法律责任[1]。我国《义务教育法》规定,国家实施九年制义务教育。适龄儿童进入实施义务教育的学校学习后,便与学校发生了权利义务关系。学校有义务依法向学生提供教育,有义务对学生进行安全教育,有义务进行校园管理,有义务保护学生并及时消除隐患,预防事故发生,等等。学生与学校的权利义务来自双方的意愿和法律的规定。学校作为事业单位,是义务教育的实施者,实现政府义务教育之职能。学校又是一个民事主体,与学生之间存在民事法律关系,学校必须遵守承诺,履行相应的民事义务。

第二节 中小学体育运动伤害事故的法律责任

虽然法律明确了学校与学生的法律关系,但是对于无民事行为能力人(不满8周岁的

---

[1] 法律出版社法规中心.最新学生伤害事故处理:注释版法规专辑[M].北京:法律出版社,2014:4.

未成年人)、限制民事行为能力人(8周岁以上的未成年人)以及第三人侵权,学校承担的法律责任不同。针对学校体育运动安全,法律也明确了学校应当承担责任的几种情况。

一、学校承担体育运动风险的三种情形

一旦发生学生体育运动伤害事故,由于学生是未成年人,其认知能力具有差异性,法律会根据年龄分层对"谁来证明校方过错"的举证责任做出相应的分配。《侵权责任法》第三十八条规定,无民事行为能力人发生校园伤害事故,对校方适用过错推定原则。即受侵权人只需对事故发生在学校管理的范围内举证,法院就可以推定校方存在过错,除非校方能够证明自己已经尽到了教育、管理职责。过错推定实质上是举证责任倒置,在实践中很可能产生接近无过错责任的效果,但其充分体现了一种政策性选择,即在立法上更倾向于保护低龄儿童的权益。《侵权责任法》第三十九条规定,限制民事行为能力人发生校园伤害事故,对校方适用过错责任原则,即应当由被侵权人对"校方具有过错"进行举证。

对于校外第三人侵权,学校承担的是相应的补充责任。依据《侵权责任法》第四十条,教育机构以外的第三人侵权时,对校方适用过错责任原则,校方承担的是其过错范围内的补充责任。也就是说,若校方已经尽到法定职责,则无须承担责任;若校方在管理、保护的职责范围内主观上具有过失,客观行为主要表现为不作为,使原本可以避免或者减少的损害得以发生或者扩大,则须承担与其过失程度相适应的补充责任。在这种情形下,第三人实施了直接侵害行为,校方的不作为开启了危险的状态,导致了直接侵害的发生,但导致结果的最后原因并非校方,而是第三人[①]。因此,校方承担的是补充责任:首先,第三人的赔偿是第一位的,只有在不能确定第三人或者第三人无力赔偿时,校方才承担责任;其次,补充责任并非连带责任,校方承担的赔偿范围仅与自身过失程度相适应,系按份的补充责任,而非第三人无力承担的全部责任;再次,补充责任是基于学校未履行应尽的管理职责,其行为具有可归责性,因此补充责任是最终责任,学校承担后不能向第三人追偿。

二、学校承担事故责任的具体情形

学校举办者的责任主要是保证校舍、场地、其他教育教学设施和生活设施的安全,而学校的责任范围更广,既有对学生进行安全教育的责任,也有消除安全隐患的责任,还有对学生伤害进行制止和救助的责任。即便不对学生伤害事故负有主要责任,学校仍应及

---

① 李昊.交易安全义务论:德国侵权行为法结构变迁的一种解读[M].北京:北京大学出版社,2008:248.

时采取措施对受害学生予以救助,避免袖手旁观、消极怠慢等不作为情况的发生。学生及其监护人也应承担法律规定的相应责任。学生应当遵守学校的规章制度和纪律;在不同的受教育阶段,应当根据自身的年龄、认知能力和法律行为能力,避免或消除相应的危险。未成年学生的父母或者其他监护人应当依法履行监护职责,配合学校对学生进行安全教育、管理和保护工作。在法律上,监护人只是将未成年学生交给学校委托管理,并不能由此推脱自己的监护职责。

《学生伤害事故处理办法》第九条规定了造成学生伤害事故时学校应当依法承担相应责任的 12 种过错情形,其中,与体育运动安全相关的有 8 条:①学校的校舍、场地、其他公共设施,以及学校提供给学生使用的学具、教育教学和生活设施、设备不符合国家规定的标准,或者有明显不安全因素的;②学校的安全保卫、消防、设施设备管理等安全管理制度有明显疏漏,或者管理混乱,存在重大安全隐患,而未及时采取措施的;③学校组织学生参加教育教学活动或者校外活动,未对学生进行相应的安全教育,并未在可预见的范围内采取必要的安全措施的;④学校违反有关规定,组织或者安排未成年学生从事不宜未成年人参加的劳动、体育运动或者其他活动的;⑤学生有特异体质或者特定疾病,不宜参加某种教育教学活动,学校知道或者应当知道,但未予以必要的注意的;⑥学校教师或者其他工作人员体罚或者变相体罚学生,或者在履行职责过程中违反工作要求、操作规程、职业道德或者其他有关规定的;⑦学校教师或者其他工作人员在负有组织、管理未成年学生的职责期间,发现学生行为具有危险性,但未进行必要的管理、告诫或者制止的;⑧学校有未依法履行职责的其他情形的。当然,如果学校已经履行了相应职责,行为并无不当,则不承担法律责任。例如,学生有特异体质、特定疾病或者异常心理状态,学校不知情或者难以判别的;在对抗性或者具有风险性的体育竞赛活动中发生意外伤害的,这些均可作为免责抗辩事由。

在地方性法规中,有关学生伤害事故各方应当承担的责任更为具体。比如《上海市中小学校学生伤害事故处理条例》第四条,明确要求"学校的举办者应当保障学校必要设施、设备的资金投入和人员的配备。各级教育行政部门应当加强对学校的管理,制定学校对学生安全保护的有关规定,指导和监督学校落实预防学生伤害事故的有关措施,指导和协调学生伤害事故的处理"。第五条规定"学校在进行教育教学活动的同时,负有对学生进行安全教育、管理和保护的职责"。《北京市中小学生人身伤害事故预防与处理条例》有两大亮点:其一,明确规定保障学生的人身安全,预防事故的发生是各级人民政府及其有关部门、学校举办者、学校、学生及其父母或者其他监护人和社会的共同责任;其二,规定与学生学习和生活有关的产品与服务的提供者,应当保证其所提供的产品与服务符合国家和本市的相关质量和安全标准。这就明确了体育场地、器材及其设施的安全保障责任主体。

第三节　中小学体育运动安全的管理职责

《学校体育运动风险防控暂行办法》第二条明确规定:"学校体育运动是指教育行政部门和学校组织开展或组织参与的体育教学、课外体育活动、课余体育训练、体育比赛,以及学生在学校负有管理责任的体育场地、器材设施自主开展的体育活动。学校体育运动风险是指学校体育运动过程中可能发生人员身体损伤的风险。体育运动伤害事故是指体育运动中发生的造成人员身体损伤后果的事故。"这就明确了学校体育运动风险的范畴。第六条至第十条明确了相关利益主体的管理职责,其中,学校具有特定的管理职责。

一、中小学的管理职责

基于学校与学生之间的教育、管理和保护之法定义务,《学校体育运动风险防控暂行办法》对学校的管理职责从三个维度进行了规定:一是明确具体的职能部门并制定规章制度。学校应建立校内多部门协调配合、师生员工共同参与的学校体育运动风险防控机制,制定风险防控制度和体育运动伤害事故处理预案,明确教务、后勤、学生管理、体育教学等各职能部门的职责,组织和督促相关部门和人员履行职责,落实要求。二是建立学生健康档案,关注特异体质的学生并因人施教。具体要求:学校应当按规定安排学生健康体检,建立学生健康档案,按照《中小学生学籍管理办法》规定,纳入学籍档案管理。学生新入学,应当要求学生家长如实提供学生健康状况的真实信息。转学应当转接学生健康档案。涉及学生个人隐私的,学校负有保密义务。对不适合参与体育课或统一规定的体育锻炼的学生,学校和教师应当减少或免除其体育活动。三是公示信息,接受社会监督。学校应当主动公示体育运动风险防控管理制度、体育运动伤害事故处理预案等信息,接受家长和社会的监督。

《学校体育运动风险防控暂行办法》明确了体育运动安全事故处置要求:一是体育运动伤害事故发生后,学校应当按照体育运动伤害事故处理预案要求及时实施或组织救助,并及时与学生家长进行沟通。二是及时报告。发生体育运动伤害事故,情形严重的,学校应当及时向主管教育行政部门报告;属于重大伤亡事故的,主管教育行政部门应当按照有关规定及时向同级人民政府和上一级教育行政部门报告。体育运动伤害事故处理结束,学校应当将处理结果书面报主管教育行政部门;重大伤亡事故的处理结果,主管教育行政部门应当向同级人民政府和上一级教育行政部门报告。三是依据《学生伤害事故处理办法》和相关法律法规依法妥善处理体育运动伤害事故。四是学校主管教育行政部门可会同体育、医疗、司法等部门及相关方面的专业人士组建学校体育运动伤害事故仲裁小组，对事故进行公平、公正的调查，提出仲裁意见，为事故处理提供依据。五是教育行政部门和学校应当健全学生体育运动意外伤害保险机制，通过购买校方责任保险、鼓励家长或者监护人自愿为学生购买意外伤害保险等方式，完善学校体育运动风险管理和转移机制。

《关于强化学校体育 促进学生身心健康全面发展的意见》则对学校在体育运动风险防控方面的管理职责进一步予以细化，包括：对学生进行安全教育，培养学生安全意识和自我保护能力，提高学生的伤害应急处置和救护能力。加强校长、教师及有关管理人员培训，提高学校体育从业人员运动风险管理意识和能力。学校应当根据体育器材设施及场地的安全风险进行分类管理，定期开展检查，有安全风险的应当设立明显警示标志和安全提示。

二、相关责任主体的管理职责

（一）校长的管理职责

校长是学校安全（工作）的第一责任人，全面主持学校安全工作，承担学生安全工作的主要职责。校长要带领学校管理班子强化安全工作意识，建立安全工作岗位责任制，指导职能部门落实具体的安全工作内容，建立、健全学校安全工作奖惩机制。具体职责包括：①全面领导学校安全工作（包括体育运动安全工作）；②委派分管校长具体负责管理体育运动安全工作；③对全校教职员工、学生进行体育运动安全教育；④对家长进行体育运动安全的宣传教育、签订家校体育运动安全协议书；⑤指导、监督职能部门制定、完善体育运动安全各项制度；⑥协调校内外安全力量、资源。

（二）分管校长的管理职责

学校要指定分管校长负责体育运动安全具体工作。在分管校长领导下，学校管理部门应分工分责，要有主动意识、补位意识，能够通力合作。具体职责包括：①对体育安全常规工作紧抓不懈，对重大的、临时性的体育活动进行精细化设计、精细化组织，确保活动的安全；②对有关教师和工作人员进行活动前培训，做好前期工作；③对活动的过程进行必要的监控，对活动及时总结，使学校教职员工、学生树立人人安全运动的意识；④协调校内各职能部门的力量、资源，协助校长处理体育运动伤害事故及其善后事宜。

（三）职能部门的责任

体育部等相关职能部门是学校开展体育运动安全管理工作的常规机构，承担着体育教学、运动、训练、校外体育集体活动的指导和管理工作。针对集体性的体育活动，相关职能部门要严格活动申报制度与活动方案预审制度,要调配好校内外资源、力量,为活动做好保障支撑工作。对每一次体育活动开展制度性的总结,建立工作奖惩制度,增强教职员工的安全责任意识。

(四) 教师的管理职责

学校教师对体育运动安全承担重要的责任。《学校体育运动风险防控暂行办法》明确提出,教师在体育课教学、体育活动及体育训练前,应当认真检查体育器材设施及场地;体育课教学、体育活动及体育训练中,应当强化安全防范措施,对技术难度较大的动作应当按教学要求,详细分解、充分热身,并采取正确的保护与帮助方式。教师的具体责任包括:履行学校各项体育安全管理要求和制度工作,班主任应该履行对家长、学生的具体体育运动安全的指导、培训,体育教师要加强体育教学、运动、比赛、活动的安全组织,指导学生增强体育运动安全意识,帮助学生学习了解体育运动安全常识,提高自我安全防护能力。体育教师自身要有强烈的责任意识,要体现人民教师的师德风貌,在组织体育教学、运动、比赛过程中要以身示范、严守岗位、主动作为,确保在自身的职责范围内不发生非意外体育运动伤害事故。

(五) 监护人的责任

学校有义务告知学生家长(监护人)在学生体育运动安全方面的相关职责。即家长要教育引导学生安全运动,遵守校纪校规,遵守体育规则,健康运动、合理运动、文明运动、科学运动。既要树立自主安全运动意识,提高运动能力和防范意识,又要具备体育精神和公民素养,不侵犯别人、不伤害别人。家长需要和学校保持必要、随时的联系,就学生的身体状况、运动状况进行沟通交流。如发生体育运动安全伤害事故,也要理性地与学校进行沟通,合理、妥善地处理好后续事宜,帮助学生及时医治,尽快恢复健康和学习。为此,学校一方面要告知家长相关职责,另一方面也要加强对家长进行体育运动安全常识、体育运动安全伤害事故的预防和处理机制的培训,促使家长知责、知情、知理。

第四节 上海市中小学体育运动安全管理举措

学生校园体育运动伤害事故及其处理涉及方方面面,不能简单地归咎于学校、学生或任何一方,需要全社会参与,形成合力,共同为学生的身心健康发展"保驾护航"。从上海的实践来看,上海部分地区已经推行了学生体育安全事故第三方调解办法,比如嘉定区、浦东新区等。同时,上海于2016年首创校园体育运动伤害保障基金,并于2017年编制了全国首部《学生体育运动安全手册》,为广大中小学生提供科学运动、安全运动的指导与方法。

一、推行第三方调解处理机制

在中小学体育运动安全管理过程中,政府的主要职责是明确标准和要求,并落实相关责任和措施。从国家的相关政策规定来看,教育行政部门应当把学校体育运动风险防控作为教育管理与督导的重要内容,纳入工作计划,制订适合本地区的学校体育运动风险防控指导意见或工作方案,明确风险防控的基本内容和具体要求,指导并督促学校建立完善的学校体育运动风险防控机制,落实防控责任和措施。教育督导机构应当对学校体育运动风险防控进行督导检查,并将检查结果作为对学校进行考核和问责的重要依据。教育行政部门的主要职责是出台相关的指导意见和实施办法,指导并督促学校做好体育运动风险防控工作。2016年5月,国务院办公厅发布《关于强化学校体育 促进学生身心健康全面发展的意见》,对政府的管理职责补充要求:一是要完善校方责任险,探索建立涵盖体育意外伤害的学生综合保险机制;二是鼓励各地政府试点推行学生体育安全事故第三方调解办法。从上海的实践来看,上海部分地区已经尝试推行学生体育安全事故第三方调解办法,比如嘉定区、浦东新区等。

嘉定区教育局成立教育系统人民调解委员会

2006年10月,嘉定区教育系统成立了法律咨询服务中心,开创了区县基础教育行政部门内设法律服务机构的先河;2010年6月,根据中央建立大调解工作格局的要求,又成立了嘉定区教育系统人民调解委员会,承担了纠纷调解的工作职责,拓展了中心的职能和作用,嘉定区教育系统人民调解委员会运作至今,已经成为嘉定教育的一个亮点。

嘉定区有130多所中小学校和幼儿园,10多万在校学生(包括3万多名农民工子弟学校学生)。在具体运作中,嘉定区教育系统人民调解委员会将全区中小学校和幼儿园按层级和区域划分成10个片组,组成调解工作中心组工作网络。2011年在区教育局领导下,对学校调解工作小组组织架构进行了完善,由学校领导、教师、家长委员会代表、副校长(分管法制)等人员组成。从实际情况分析,家长代表和校领导参与学校调解工作,对促进纠纷调解具有积极的意义。特别是家长代表参与调解工作,在某种程度上,由于与当事人身份相同、地位平等,因此,在沟通协商上更具说服力,可以使基层学校的调解工作更具平等性和实效性。同时,区教育局聘请上海某律师事务所作为调解委的法律顾问团。依托法律顾问团的专业优势,为涉及"疑难杂症"的纠纷调解提供专业支持,增强了调解工作的有效性,拓展了基层学校调解干部的视野,提升了他们的工作能力和水平,受到了基层学校的信任和欢迎[①]。

---

① 上海市嘉定区教育局.嘉定区教育系统调解工作论文选编[Z].内部参考资料,2014:1—6.

政府购买社会组织等第三方服务来处理校园体育运动伤害事故可以按两种方式进行：其一，政府直接购买现有社会组织的服务，委托其处理校园体育运动伤害事故；其二，政府以购买服务的方式直接培育一个专门处理校园体育运动伤害事故的机构，从而保障其经费来源。社会组织不但要协助处理体育运动伤害事故，还要聘请社工对伤害较为严重且有长期困难的学生及家庭提供持续的社会服务，建立个人及家庭服务档案，实行个案管理，解决家庭的后顾之忧。

二、首创学校体育运动伤害专项保障基金

上海市在市保监局的统一指导下，修订了校方责任险合同条款，扩大中小学校方责任险的理赔范围，同时合理配置各类保险资源，完善意外险、平安险等各类险种条款，为青少年提供多重保障，实现青少年权益的最大化。2016年，上海市教委在前期充分调研和专家论证的基础上，试点推出专门针对校园体育运动意外伤害设计的"上海市学校体育运动伤害专项保障基金"。该基金为上海首创，学生自愿参保，一旦发生意外，不问责任即可赔付，最高赔付金额达50万元，为学校、家长解决校园运动的后顾之忧。具体来说，该保障基金结合学校参加保险的实际情况实施，当年已参加中国人寿校园意外险的学校，无须额外缴纳费用，未参加的学校可按每生每年2元（含幼、中、小三个年龄段）的标准自愿筹集资金并加入。

该基金的保险范围明确，凡是参保学校组织的体育运动皆属于保险范畴，无论是体育课、体育比赛、体育活动还是体育训练，都将得到有效保障。鉴于体育运动意外伤害的发生存在很大的偶然性，基金的保障以意外运动伤害事故的发生为依据，不涉及对学校及学生的责任认定，与以往的大多数校园险种不同，真正体现了"免责保障，范围全面"。为确保理赔费用给付合理，保障基金将由专业机构进行管控，当运动伤害事故发生后，首先需由区县教育部门及学校认定是否属于在学校组织的体育运动中发生的意外，再由保险公司严格依照赔付范围进行理赔。疑难案件将由专门的审定小组进行处理。另外，还将定期对基金进行评估，并依据赔付情况，及时调整收费与赔偿标准。

三、编制《学生体育运动安全手册》

意外伤害是困扰中小学生运动安全的"拦路虎"，如何让孩子们健康快乐地进行体育运动，是学校、家长乃至全社会一直在思考的问题。2017年上海市教委组织力量编写的《学生体育运动安全手册》（小学版和中学版），是全国首套中小学体育运动规范的系列读

本，为中小学生提供全面的预防和处理体育运动伤害的科学方法。该手册分为小学和中学两个版本，通过漫画人物讲故事的形式，图文并茂地呈现了学生在中小学阶段需要掌握的运动科学知识，以及预防体育运动伤害的科学方法。

小学版以图片为主，内容表述充满童趣，将每个身体部位易发生的伤害事故描述成真实情景，通过卡通形象来讲解情况发生的原因、救治方法和预防措施；中学版注重知识传授，增加了人体生理、环境卫生等内容，主要讲解运动项目中易出现的运动损伤。在编写内容的逻辑安排上，遵循先分析运动损伤发生的原因和问题，再说明如何预防和如何急救处理的顺序。在常见运动损伤问题的选择上遵从三个维度：一是按照身体部位和运动项目相结合的特点精选典型性损伤问题；二是根据运动项目特点选择最常见损伤；三是按照学校组织教学中容易发生的运动损伤来寻找典型损伤问题。基于此，再多次进行头脑风暴并进行科学论证来确定运动损伤问题，以此确保编写内容的完整性、科学性和实用性。学生固然需要通过阅读来学习和掌握相关方法和知识，学校也应该通过教师进行科学指导，确保学生真正地掌握内容。只有提高自我保护意识和能力，学生才能真正投入运动并享受运动的快乐，从而成长为身心健康的社会主义接班人。

第二章

中小学体育教学活动安全的规范管理

中小学体育活动是青少年体魄强健、身心健康发展的重要载体，是学校教育的重要组成部分。由学校开展或组织的体育教学、课外活动、课余体育训练、体育比赛等活动，以及学生在学校负有管理责任的体育场地、器材设施自主开展的体育活动均属于学校体育活动。中小学体育活动存在一定的安全风险，因此，运动风险防控和安全保障应该引起相关部门的高度重视。

学校体育运动风险是指学校体育运动过程中可能发生人员身体损伤的风险。体育运动伤害事故是指体育运动中发生的、造成人员身体损伤的事故。学校应将体育运动风险和伤害事故的防控作为学校安全管理工作的重要内容，纳入学校安全工作计划，制订适合本校体育运动风险防控和预防的工作方案，明确体育运动风险防控的具体内容和基本要求，督促学校各个部门落实防控责任到人，并预设紧急预案措施。中小学校体育教学活动安全管理规范也是上级教育督导机构进行检查、督导的重要内容，其结果可作为对学校进行考核和评价的重要依据。

第一节　中小学体育课教学安全的规范管理

体育教学规范是指中小学体育教师在准备、实施、评价体育课堂教学时应做的工作内容与正确的行为教学规范。按照《义务教育体育与健康课程标准》的要求进行操作，使体育教学行为或体育教学活动达到或超越规定的标准[①]。近几年来，随着课程与教学改革的深入发展，体育课堂教学管理越来越受到重视。体育课堂教学与其他学科的教学不同，以学生身体练习为主要学习形式，以身体健康知识获得、运动技术技能传授、心理健康水平增进为主要学习内容，体育教学管理融技巧、科学、灵活、人文于一体，有一定的难度和

---

① 王光华.中小学体育教学规范研究及策略[J].新课程，2016(3)：22.

复杂性,需要教师具有较高的组织才能和教育智慧①。

上海市中小学体育教学必须依照上海市《体育与健身》学科课程标准实施,尤其是当下中小学体育教学正处于"高中专项化,初中多样化,小学兴趣化"的深化改革实践中,中小学体育教学增加了活力,中小学生的身心健康得到保障。如果在学校体育教学过程中,因管理不规范或疏于管理而导致运动安全隐患,将影响学生的身心健康和学习目标的完成。

一、中小学体育教学组织安排安全的规范管理

体育课管理疏忽,安全有隐患

2011年12月某日下午,高一某班体育课的内容是双杠测试。在完成准备活动后,体育教师要求女生依次上杠,自己则在双杠旁进行保护,全体女生顺利完成了测试。由于离下课还有几分钟,教师允许个别暂时未合格的女生自愿复测。向来从严要求自己的林某虽已达标,但因渴望达到"优秀"便提出复测。当林某测完准备下杠时,左手没有及时松开被拽了下来,体育教师立刻托住其身体,但因速度太快未能阻止其下滑。林某左臂疼痛,学校第一时间联系家长,并立即将其送往上海市第六人民医院紧急救治,被确诊为骨折。林某住院手术治疗期间,相关教师和同学多次到医院探望慰问。出院后,学校教师又主动上门义务辅导功课,保险公司也理赔了部分费用,林某家长对处理结果表示满意。

若学校等教育机构未尽职责而对未成年人造成人身损害,应当承担与其过错相应的赔偿责任。在以上案例中,林某在自愿要求复测过程中受伤,而体育教师已经在测试前安排了相应的准备活动,并进行了有针对性的安全教育,测试过程中也始终在场指导,且不断提醒学生根据自己身体状况和能力注意保护。显然学校教师已尽到了必要的安全防范和监督义务,且林某受伤后教师及时联系家长并送医院就诊,措施积极妥当,学校无须承担过错赔偿责任。本案确系林某未按教学要求才导致意外伤害。学生追求更高的目标和成绩是值得肯定的,但体育教师要教育和提醒学生,慎重考虑自身身体状况是否能在短时间内达到目标。体育教师应该在日常教学中坚持不懈地引导和帮助,逐步培养中小学生树立持之以恒的健身意识,在运动中养成先适度热身,然后循序渐进地增加运动强度,在运动中始终保持规范、适宜的运动方式、节奏,运动后也进行整理活动的运动习惯。此外,体育教师应教育学生主动积极地采取针对性的保护措施,及时有效地应对体育课中的意外伤害。

---

① 杨妮君.关于中学体育教学管理的思考[J].世纪之星创新教育论坛,2016:45-47.

体育课的运动伤害就像一根"高压线",体育课的安全教育需要警钟长鸣。中小学生在体育课中发生安全事故,如因体育教师未尽职责或学校管理疏漏则相关责任人必须承担相应的责任,因此体育运动中的安全问题给中小学体育教学带来困扰。特别是一些存在安全隐患的教学项目,如体操、标枪等,具有一定的挑战性,学生们常常十分活跃、积极性高,教师在教学过程中虽时时监护,但毕竟学生多、教师少,一旦学生没有在教师的监督、保护与帮助下进行练习,意外伤害的风险将大大增加。

因此,一些中小学校因担心某些项目的运动伤害风险,体育课上就减少或取消此类项目的教学和练习,如体操、跳山羊、跳横箱、鱼跃前滚翻、头手倒立等内容,甚至单杠和双杠也成了操场上的"陈列物",只供观看,但不允许学生接近和使用。这是把学生控制在以教师为中心的教学模式中来预防意外。然而,这样的教学模式与当前的教学改革精神背道而驰,学生的运动能力得不到充分调动,身心锻炼效果不佳,体育教学质量也大打折扣,势必会造成学生运动的积极性下降和体育活动减少,进而影响体质健康。体育教学分为课前准备和课中管理,教师在备课时要考虑到学生的基础和能力以及可能存在的安全风险;在体育课堂中做好各种常规教育,如体育测试常规、自主练习常规、出勤情况报告常规、安全防范常规、保护与帮助常规等。

体育课堂常规教育中的安全要求是教师对中小学生体育教学安全规范管理的基础。包括课前安全教育与具体课堂要求、提示,运动前的准备活动(热身运动),运动中的自我安全意识和自我保护意识,课后的放松练习等。体育课的疏忽大意很容易引起意外。为了避免这些事故的发生而影响正常的教学秩序,体育活动的每一个环节都必须考虑周全,做好防范措施,提醒学生容易出现危险的环节;必须引起重视,并尽可能地规避危险因素。对一些高危体育项目应特别重视,如跳箱、跳山羊、实心球、足球、篮球等。

二、使用运动场地和器材设备安全的规范管理

有关研究强调操场是伤害高发地段,认为操场的空间大小、表面吸水装置、攀爬区高度等要符合安全标准规范[①]。体育场地、器材是中小学生进行体育教学和活动的主要场所,它对提高体育课堂教学质量、丰富学生课外体育生活、强身健体起到举足轻重的作用。在体育教学过程中,体育场地处理和安排不当极有可能成为中小学生体育运动安全的隐患。

体育场地使用管理不当有危险?

2010 年 4 月的一天,在一所九年一贯制学校,下午第二节体育课时,足球场上初二年

---

① 翁铁慧、何雪松等.学生校园体育运动伤害事故的社会治理:基于上海的研究[M].上海:华东师范大学出版社,2017.

级男生正在上足球课,体育教师在进行了全体学生的准备活动后,开始足球的脚背外侧运球练习,接下来学生按小组进行带球练习应用。学生冯某在练习带球对抗过人时,本校的小学部一年级学生开始来足球场进行体锻课。小学生的突然闯入使得冯某马上躲闪,身体失去重心,左脚一崴就倒地了,并表现出非常疼痛的样子。体育教师马上叫停练习,上前观察冯某的伤势,同时叫同学去医务室找校医前来初步诊断。校医从现象判断冯某左脚踝扭伤或者骨折。马上联系家长、班主任,组织校医带冯某去新华医院诊断治疗。班主任沟通家长后,告知基本情况,让家长赶到医院。经医院诊断为左脚踝关节骨折。冯某住院期间,体育教师前去看望和慰问,学生手术后恢复得很好。这期间所有费用(包括治疗花费4万多元医疗费用),经多方面协调,由于校方存在着场地管理和学部课时时间安排不当等责任,学校承担了2万多元的医疗费用。

学校场地的安排和管理存在着一定的安全隐患是导致本案例发生的重要因素之一,小学部体育教师和班主任也存在明知中学部有学生在足球场上课而对小学生疏于管理的责任,学校要承担相应责任。体育课教师在上课时强调学生足球练习时注意安全,做到了告知和进行了全班学生相应的准备活动,规定了相对安全的练习区域进行分组进行学生练习,发生意外伤害后上课教师及时处理,及时将学生送往医院救治,不应承担责任。本案例说明在小场地进行体育教学时一定要管理好学生的活动范围,尤其是在小学生与中学生共同使用的体育场所,小学体育教师要加强学生的管理,中学体育教师也要合理安排教学内容,避免体育活动安全事故的发生。学校行政管理部门在体育课时间安排上要充分考虑体育场地的合理使用,同一时间上课班级不宜过多。场地器材是开展中小学生体育课的重要基础,中小学生通过体育器材的使用进行动作技术学习和身体锻炼,体育教学中场地的安排、分配、布置是否合理,不但关乎体育课的教学效果,还会影响运动伤害和意外伤害的发生几率。

三、中小学体育教学中应急情况的规范管理

基于中小学生体育课中意外伤害发生的突发性,学校的体育活动安全管理既要有预定的管理预案,又要有有效的现场管理措施。有效的应急预案必须建立在对当下开展的体育运动、参与者以及外在环境各要素充分理解的基础上。同时,学校与家长要有效沟通,建立良好的沟通和应急管理机制。因此,学校要建立管理落实《中小学生体育教学中应急情况处理预案》的工作小组(由体育教师、校医、班主任、年级组长、家长、主管安全校领导、校方律师代表等组成),以应对体育课中意外伤害的发生。体育教师、校医、班主任、家长、学校综合治理管理领导小组、校长等协同一致,承担预案中各自的职责,就能够避免

家长与学校不必要的矛盾纠纷。

中小学校安全工作小组的设立是构建学校体育教学应急情况处理预案的核心。只有校领导充分重视,各相关职能部门协同参与,体育教师认真落实,校医务人员、班主任、家长积极配合,才能合理有序地处理意外伤害事故。

活跃的学生隐藏着体育课的安全风险[①]

河南某中学两个平行班级同时上体育课,两个班级学生都很喜欢踢足球,学生提出进行班级足球友谊赛,两位体育教师也同意了学生的请求。上课后,体育教师点名发现其中一个班级有位男同学生病请假不能来参加体育课,也没有多在意,随后就带学生进行准备活动开始比赛。大半节课后,教师突然发现,场地中间有一位学生倒地了。教师过去查看,学生很痛苦,于是立即把学生送往医院,同时与家长联系。教师询问学生名字才知道受伤的正是那个生病请假的学生,他在没有得到教师和同学的同意下,擅自走进场地随意抢断足球,不慎被同班同学绊倒受伤。通过医院检查,诊断为上臂骨折,并了解到该学生没有买保险。事后一万多元的医药费无从着落,家长三天两头往学校里跑,要绊倒他儿子的学生和学校赔偿医药费,而绊倒他的学生家长也以在学校里发生的事件和正常的教学比赛为由不愿意承担责任,最终学校承担了大部分的费用。

本案例表明体育课上意外事故发生后,体育教师应首先启动运动伤害预案,与学校、家长建立相应的联系。体育教师要做好学生安全教育,注重观察学生的异常行为。体育教师在实施体育教学过程中,应针对那些竞争激烈、有一定危险性的项目加强管理,关注一些活跃学生的运动行为。中小学生活泼好动,容易发生事故,体育教师在体育教学比赛时必须对学生进行规则意识和安全意识教育。

第二节 中小学课外体育活动安全的规范管理

中小学生在学校运动场所进行体育活动时,学校有责任和义务保护学生并防止运动伤害的发生。随着中小学生阳光体育活动的不断开展,中小学生的体育活动越来越丰富。在体育活动过程中,如果校方管理不到位或者疏于管理,将会增加运动伤害的发生率,既影响学生的身体健康,又会给学校带来较大的经济负担。因此,中小学必须遵循如下原则建立体育活动安全管理制度。

[①] 闫晓晖.体育教学中"安全"事故案例分析[J].山西财经大学学报,2008,11(1):99.

一、中小学课外体育活动安全规范管理原则

（一）课外体育活动，谁组织谁负责

体育组是学校体育工作的组织部门和执行部门，开展课外体育活动时，它作为组织者，必须对活动的程序、内容、注意事项和安全防护负责；作为执行者，必须协助相关部门（政教处、教务处、校长室等）做好本职工作。其次，体育组长还要负责体育场地、器材、设施的管护，定期进行检查和维修。教师组织学生参加课外体育活动时，要认真检查体育设备，对已损坏、不符合安全标准的设备，严禁学生使用，及时报修并安设警示标志。

（二）课外体育活动，安全教育必须领先

组织课外体育活动时，教师首先要加强学生的安全教育，讲明活动要领，做好示范、指导以及防护工作，运动前做好各项准备活动。教师不得带领学生开展危险性的活动，学生不准擅自进行有危险的活动，学生要听从教师指导，学会正确的运动技术和自我保护知识。

（三）课外体育活动，教师有组织、指导责任

因组织、指导过错造成学生身体伤害事故的，教师要承担相应责任。教师不能强行要求学生做力所不及的动作，学生参加军训、赛跑及校运会时，要事先了解学生病史，身体不适者、特异体质者严禁参加。在学校组织开展的体育活动中，由于体育活动的特殊性，运动伤害在所难免，学校应尽量减少运动伤害的发生和划清相应的责任界限，然而，责任划分实际上很难清晰明了，因此，学校可以建议家长给学生购买安全保险（尤其是参加校外组织的体育活动时）。

二、中小学校内体育活动安全的规范管理

（一）中小学早操、课间操的安全规范管理

中小学早操、课间操的安全规范管理是学校课外体育活动管理的重要内容之一。这些活动参加的人数众多，如果没有规范的安全管理制度，将会存在巨大的安全隐患。历年的经验和事故提醒我们，安全工作是早操、课间操开展的首要条件。科学的管理制度是学生体育活动安全进行的制度保证。

早操、课间操出入期间,必须由体育教研组安排专人统一指挥,其他教师在出操路线进行管理,保证出操的纪律严明和秩序井然。有条件的学校可以对出操过程实行全程监控。若遇突发事件,统一听从专人指挥疏散撤离。

在进行广播操时,年级辅导员应配合负责指挥的体育教师指导管理,指挥学生有序进出操场,在指定位置站队,避免意外事故的发生。班主任负责班级管理,由一位体育教师整队,其他体育教师分年级检查、监督学生做操情况。

在早操、课间操的组织与实施过程中,要加强安全教育,避免和防止意外事故的发生。学校应对班主任及其他教师落实责任制度的考核,加强辅导教师和值班教师的安全意识和责任心教育。

(二) 中小学大课间体育活动安全的规范管理

中小学开展大课间体育活动是落实学生"每天一小时校园体育活动"的重要途径之一。大课间体育活动的特点是学生活动人数多,人均活动面积少,如果组织安排和活动内容不科学、不匹配,就会使中小学课间体育活动的安全风险大大增加。因此,学校上至领导管理层面、下至执行层面要责任到人,才能真正落实"中小学生每天一小时校园体育活动"工作的安全要求,切实提高学生身心健康水平,让每一位学生都感受到运动的快乐。

(1) 建立健全组织机构,成立学校体育工作领导小组。加强学校内部管理,建立、健全有效的工作监督和检测机制,设置以校长为组长,以党总支书记为副组长,教导处、德育处、总务处、体育教研组长和各年级组长为组员的人员保障机制,努力做到机制保障、人员保障、场地保障和经费保障。

(2) 构建实施途径,实行组长负责制。各小组成员分解任务、落实责任。课程组(体育教研组长)确保课程安全实施。严格执行国家课程标准,制订课程计划,将"每天一小时校园体育活动"纳入学校教学计划、列入课程表,落实相关人员。活动组(体育教研组、校团委、学生会)确保活动顺利开展。

(3) 合理安排活动时间。早锻炼为 25 分钟,体育课或活动课时间为 40 分钟;不宜安排时间太长(最长 1 小时,最短 15 分钟)的活动,更不要在刚吃完午餐后安排活动。

(4) 组织学生积极开展大课间体育活动,做到时间、场地、器材、经费、教师"五保证"。活动方式因地制宜,学校结合实际,确保安全,调整完善落实方案,特别是雨天、雾霾天气,要对学生户外体育锻炼从时间、空间、内容上进行具体、周密的设计安排,保证学生在安全的空间进行有效的课间锻炼。在进行大课间体育活动时,体育教研组应派专人指挥学生到指定地点活动,由班级或活动组管理教师负责指导学生做好热身活动,然后进行有序活动,体育教师巡回指导,做好活动情况登记。

(5) 内容安排上,要依据学生身体条件与场地条件,合理安排体育活动的运动负荷。适合学生的运动负荷才能促进健康,超过学生承受能力的运动负荷会造成运动疲劳,甚至引发运动伤害。

（6）确保保障措施到位。师资保障，包括体育教师的专业技术指导、班主任的班级管理以及医务教师的监督到位，学校应利用各种途径加强对管理人员的安全意识教育和安全常识培训。场地保障，学校塑胶跑道、操场、游泳馆、篮球馆、乒乓球馆、健身房等学生活动场地分配要合理。在排课时，力争做到合理分配体育场地使用时间，保证在同一时段内上体育课的班级不超过4个，保证活动安全和空间。充分利用健身房、篮球馆、乒乓球馆和游泳馆等活动场地，形式多样地开展各项体育活动，使每位学生都有体育活动的时间和空间。遇到雨天导致操场湿滑等情况，以室内操代替广播操，体育课在各室内场馆进行。

（7）安全工作小组的监督检查要多方位，定期检查与临时突击检查相结合。依托学校各部门，做好"中小学生每天一小时校园体育活动"自查和检查工作，安全检查实行一票否决制，及时做好总结。

（三）中小学课余运动训练安全的规范管理

中小学生课余运动训练是中小学生参加阳光体育活动的重要内容。建立、健全课余运动训练安全管理制度，是中小学校安全开展校内外体育活动的重要保证和依据。

1. 运动队教练员、体育指导教师是第一安全责任人

运动队教练员、体育指导教师作为第一责任人，必须对运动员和参加活动的学生进行安全教育，并根据学生情况进行必要的训练。对严重违反安全规定的学生进行必要的纪律处理和行为约束。训练时，应在教师可控范围内或指定地点进行安全训练，不得将学生逐出控制区之外或让其回班。节假日进行的运动队训练，要经学校体育部门同意后报教务处、校长室批准。私自组织学生训练，后果自负。运动队教练员、体育指导教师必须事先向学生说明，有故障的器材禁止使用。

2. 学校要对参加课外体育活动的学生提出具体要求

（1）学生参加课外体育活动，必须在规定的活动时间，按规定的活动内容领取器材，到规定的活动场地进行活动。凡不按要求进行活动而造成自伤或他伤者，后果自负（批评教育和监护人安全告知制度）。

（2）学生应按照安全规范进行活动，自觉遵守各项体育道德和体育运动规则，违者将由班主任和德育教师进行批评教育，严重者取消其活动资格。

（3）不到危险的场地去活动，不用危险的器材设备，不做危险的动作，不翻越场地栏杆。

（4）运动队训练的内容和要求，需按教练员要求进行。

（5）所有体育活动除遵守有关规则以外，还必须遵守校规校纪，如有违反严肃处理。

（四）中小学组织校运会安全的规范管理

校运动会是中小学校开展的大型课外体育活动。为了保证其顺利有序安全地进行，

建议做到以下几点。

（1）成立大会的组委会，制订运动会实施计划，根据学校总人数、学生性别和教工年龄，确定比赛项目，编排程序册，做到学校运动会组织的科学性和安全性。

（2）每个环节严密设计，每个竞赛项目应根据参赛人数确定裁判员数量，诸如运动员检录、发令记时、记名次等各项裁判工作，做到责任到人，保障安全。

（3）竞赛项目开始前，裁判人员应认真检查场地和器材，并要求参赛运动员做好赛前准备活动。竞赛区彼此间应保持一定的隔离区域，不相互交叉，并限定参赛运动员活动范围，不得擅自闯入其他项目竞赛区。安排一定数量的执勤教师，对执勤教师进行安全培训。

（4）运动会观赛学生与比赛场地之间应保持安全的距离，应有教师负责安全管理和志愿者负责监督。教师和志愿者应参加安全培训，明确职责任务。此外，运动会场地应设立隔离带，并配备一定数量的安全管理教师；提前制订运动会应急预案，预防突发群体事件发生。

（5）运动会现场设救护站，备好急救药品、器材和救护车。校医院工作人员要具有良好的职业素质，以应对各种突发事件。

（6）体育指导教师应在校运动会的三个阶段恪守自己的职责和要求。

- 赛前工作

器材场地是保证运动会顺利开展的硬件设施。第一，体育教师在运动会举办前应检查器材和场地的安全性；第二，体育组教师负责制定比赛规程和编排赛事，比赛规程应该简明扼要，以便赛事有序开展，合理安排时间，场地使用得当；第三，在进行裁判培训时，应根据项目特点和教师特长进行分组，明确比赛规程和评定原则，提前给裁判发放裁判用具，如秒表、记录表、发令枪等。

- 赛中工作

项目比赛是运动会的核心部分，也是安保工作的重点，安保工作包括两个方面，即学校环境安全和学生运动安全。学校保卫部门应有相应的方案，如人员分工、管辖区域、轮换事宜等，保证运动会期间学校环境的安全。体育教师对容易出现损伤和事故的项目应多加关注，并安排校医时刻做好救治学生损伤的准备，联系好急救通道，以有效应对突发事件。

- 赛后工作

比赛结束后应有专人负责器材回收和检修，整理运动会的数据和资料，从组织管理体系、赛事过程、安全工作以及比赛成绩等方面进行全面分析，总结优势与不足，为日后相关工作提供指导和依据。

（7）工作人员和裁判人员要求：工作人员和裁判人员应具有高度的责任心，认真学习比赛的规程和要求，认真做好自己的本职工作，预防安全责任事故的发生；还应全面负责场地和器材的安全，对于有隐患的场地和器材，要做到及时修整或更换，无法及时修整或更换的应做好警示标志。裁判人员对比赛期间发生的学生意外伤害事故和群体突发事件,应具有准确、快速的处置能力,在第一时间通知学校医务人员、体育教师、班主任和分管领导。

(8) 意外伤害事故处置的方法:学校运动会中,常见意外伤害事故的处置方法如下。①一般皮肉擦伤开裂,送医院缝针医治。②一般肌肉筋腱扭伤、拉伤,早期冷敷,减少出血和肿胀;后期热敷、理疗、按摩,休息制动。③因摔伤、砸伤,造成明显或不明显脱臼、骨折,均应先设法用木板、硬纸板将受伤部位固定,然后急送医院,检查诊断治疗。④因摔伤、砸伤,伤及头部,头昏伴呕吐,呈明显脑震荡症状者,应急送医院,检查诊断治疗,即使脑震荡症状不明显者,也应送医院检查诊断为宜。凡发生上述情况,有关教师、校方应设法通知受伤学生监护人,了解、参与治疗救护意见。发生重大伤害事故后,校方应立即做好调查取证工作,查明事故成因、责任人、证明人,这样既有利于今后的安全教育工作,也有利于善后处理工作。

三、 中小学校外体育活动安全的规范管理

体育活动从校内延伸到校外,丰富了中小学生的课余生活。建议家长监护、陪同小学生参加校外体育活动,初中低年级学生(预备班、初一学生)也同样需要陪同,初中高年级学生(初二、初三学生)和高中生则可以自行组织同学、同伴去运动场所进行体育锻炼。校外体育活动包括校外阳光体育联赛、兄弟学校之间的体育活动和学校组织的校外体质健康测试活动等。

在家长监护下的中小学生参加校外体育活动时,由家长负责安全组织管理,学校可以提供一些运动安全建议。学校组织的校外体育活动,则须在学校严格管理下进行。学校要创建由分管校长牵头的管理领导小组,制定学生体育活动的管理制度,包含学生的体育活动安全管理要求,学校组织的一切学生外出体育活动必须遵守此规定。

2017年4月,某学校组织240位初三学生参加毕业统一体育考试,考试地点是某区的一所标准化高中。学校在参加了区初三学生毕业统一体育考试会议后,积极贯彻会议精神,制定了与考试内容有关的各项要求,发放了"告全体初三学生家长书",并在考前由学校教导处和体育教研组组织了体育统考的模拟考试和家长动员大会。测试期间,张某因测试前过度兴奋,休息不好,在800米跑测试时不慎摔倒。考试裁判立即告知带队领导和教师,并送张某到医务点进行应急处理,初步确定为踝关节扭伤、肘关节擦伤,并包扎处理。带队教师及时通知家长,办理了现场缓考手续。家长对教师的处理非常满意,在治疗期间体育教师关心慰问张某,帮助家长分析了考试策略(第一种可能是缓考,但对成绩会

有一定影响,第二种可能就是恢复时间不够,参加测试会导致二次受伤)。后期虽经治疗和恢复,但张某最终未能参加缓考,学生和家长选择了单项免修。虽然家长和学生对最后的成绩不是很满意,但对教师处理和操作流程无异议。

中学生毕业体育统一考试是每年学校的重要工作,参加考试的人数众多,工作量大,学校和体育教师必须做好学生参加体育测试期间的运动伤害预防与处置预案。在学生测试期间如出现伤害事故,学校要协调主办单位及时处理,这也是学校安全管理的常规工作。中学生不管是在校内还是在校外参加体育活动时发生意外,学校要有突发事件的处理预案,预案中必须有活动前家长告知内容,和发生时家长告知内容,相关人员的职责也要明确。若在校外发生意外,必须与主办单位和相关领导、负责人进行协调解决,并将处理意见反馈给学校备案。

第三节 中小学生体育活动行为规范管理

一、中小学生体育运动中规则意识的培养

规则,是人们生活中共同制定、共同遵守的法则。制定规则是为了规范人们的行为,保障社会的和谐与稳定。没有规则意识的孩子,将来很难在社会上立足,更谈不上成才了。规则意识是一种适应生活、学习、活动、环境的必要条件,如果对所处的环境以及相应的人、物规则没有一个明确的认识,相应的活动就不能顺利进行。现代社会,学生的社会适应能力越来越受到教育者的关注,社会适应能力的发展可以通过多种手段获得,体育规则的学习是其中最重要的一种。日常体育活动中包含许多规则,比如动作规范以及体育运动规则等,所有体育活动的进行都离不开规则。因此,从体育运动着手培养规则意识,不仅能够使课堂秩序得到保障,更重要的是能够培养学生良好的学习与行为习惯,对学生的未来发展有着积极的作用,在未来的社会活动中,学生也能够更好地适应。

违反要求和"规则"的代价

中小学的活动场地有限,高年级和低年级学生一起在操场上体育课的情况时有发生。体育教师需要划好区域,讲明课程安排和活动要求,对学生做好活动安全和体育规范教育。

有一天,某小学六年级和一年级的学生同时在操场上开展体育课。本次课程中,六年级的同学要在跑道进行200米跑的测试;体育教师要求一年级的同学在操场中心部位进行游戏,不许到操场跑道上活动。一年级的男生小明比较淘气,趁老师不注意,擅自跑到

操场边围观,看到高年级学生拼搏冲刺的激动时刻,小明热血沸腾,全然忘记了教师的要求和体育规则,站到跑道上加油助威,高年级同学由于奔跑速度较快,来不及躲闪,因此将小明撞倒了。由于冲撞力度比较大,小明哭喊手臂痛,学校随即将他送往医院,经检查为上臂骨折。

上述运动伤害的案例表明,中小学生活泼好动,安全意识和规则意识淡薄,学校领导和体育教师必须重视中小学生这一特点,加强监督和管理。同时,家长也应注重培养孩子的规则意识,避免孩子参与危险性活动。学生也要学会对自己的能力和项目难度进行预判,力有不及时就不要参与或及时与教师沟通,以免发生伤害。

实践的"教训"促进体育课安全意识的培养

2015年5月某日初二(5)班的体育课,体育教师说明教学内容:横箱分腿腾越。这个项目具有一定的难度,所以体育教师要求学生把准备操做到位,然后带领学生做了些辅助练习。由于男生体能较好,教师让男生先跳,前面6位男生都跳得很好,第7位是较胖的L同学,教师一如既往地站在横箱一侧进行保护,看着L同学助跑、起跳、支撑,可就在那一瞬间L同学的左腿蹭到横箱,并发出了一声很清脆的声音,体育教师立即用右手抄到L同学的腋下,努力将他右边半个身体托起。L同学大叫说好痛,体育教师把他扶到垫上制动,并立即通知医务教师。随后L同学的班主任和综合治理教师都到了现场,班主任拨打120,医务教师做了简单包扎后,等待救护车的到来。

本案例说明安全意识是避免体育活动意外伤害的核心。本节课中教师和学生的安全意识不足,教师没有做到让学生由易到难地进行项目练习,学生则没有对自身能力和项目难度进行预判,贸然进行超出自己运动能力的运动,从而导致意外伤害的发生。只有教师、学生的安全意识都增强了,才能杜绝体育课堂本不该发生的意外伤害事故。

二、 中小学生体育运动中道德规范的培养

德育是学校教育的重要组成部分,中小学阶段是个人道德信念和道德行为形成的关键时期,中小学体育活动是进行德育教育的重要途径,也是体育课程的重要任务之一。因此,在中小学体育中应强调德育,规范体育活动参与者的行为,引导其遵守体育规则,培养良好的体育精神,从而更好地促进体育和德育的发展。在体育中发展德育,可以将体育作为一个载体,对参与者进行道德规范教育,在身体活动的实践中培养他们的品德,倡导团结友善、公平正义、敢于拼搏、坚韧不拔等品质,从而使学生品德素质得到提高。体育教学中道德培养的方式及途径包括以下几个方面。

（一）教师言传身教

教师在课堂上的一言一行对学生思想品德的形成都有重要的影响，因此，在体育教学中，体育教师应规范教学语言与教学行为，为学生树立榜样。比如，教师在上课时应有严格的时间观念，准时上下课，树立遵守时间的观念。在体育教学过程中，如果教师先示范常规体育项目的基本动作，再耐心、细致地讲解，学生通过认真练习便能基本掌握；如果教师无法正确规范地演示动作，单纯要求学生完成，往往无法达到预期效果。因此，要做好学生的德育教育，教师就必须严格自身要求，以身作则，言语和行为保持一致，在学生的心中留下良好的印象，树立榜样作用，使学生乐于接受和效仿。

（二）通过体育教学内容进行品德培育

中小学体育教学中品德素质培养的方法较多，特别在勇于拼搏、团结合作等方面的促进作用尤为明显。如在学生进行长跑项目训练时，教师可以通过该项目的训练培养学生顽强进取、坚韧不拔的品质，同时教师在长跑项目中还应引导学生树立不放弃的品格。在进行团体项目训练时，教师应鼓励学生互相帮助，团结友爱，以集体利益为先。我国的学生中独生子女居多，部分学生习惯了以自身利益为先，不考虑他人感受。参与团体项目能够使独生子女感受到共同拼搏的意义，进而形成集体主义精神。在集体项目教学过程中，团队活动会对学生的思想品德提出考验。例如，在项目进行不顺利的情况下，学生之间是相互鼓励还是相互抱怨；项目进行顺利的情况下，是骄傲自满，还是谦虚谨慎。

（三）创设情境进行道德规范教育

体育教学相比于其他科目教学更为灵活，教师在教学活动中可以适当地组织游戏和比赛，并对学生进行品德规范教育。游戏在中小学体育教学中占有重要的地位，教师在进行游戏设计时，可以将德育教育的思想贯穿其中。例如，在玩老鹰捉小鸡的游戏时，教师可以引导学生建立团结合作的意识，在游戏结束后，组织学生进行经验交流，并借此机会对学生进行德育教育，培养学生团结友爱、遵守纪律、勇敢拼搏的良好品质。此外，在体育教学活动中设置小组性比赛项目，如小组接力跑，一方面能够提高学生参与的积极性、增强学生的身体素质，另一方面可以培养学生公平竞争意识和集体荣誉感。

（四）依据教材特点进行引导教育

中小学的体育教育分为理论与实践两个大部分，理论部分凭借教材进行讲授，具有鲜明的思想性。例如，体育教学的目的及任务，有利于中小学生正确认识体育，从而树立积极锻炼身体的思想，并将参与体育锻炼和新时期所承担的重担相结合；启发学生在各种环境、条件下都敢于坚持锻炼，提高学生身体适应自然环境的能力，让学生逐渐养成终身体育锻炼的习惯。因此,体育教材的理论内容是教师对学生进行思想教育的主要内容。体育教材实践部分同样属于体育教学中的重要内容,是体育运动的技能体现。每一个体育技术动作都具有独特的特征和意义,教师只有在教学过程中充分运用各种教学因素,才能够有计划、有目的地开展各方面思想教育。

三、中小学生运动中动作技术运用规范的培养

动作技术不规范,如动作不准确、技术不熟练等都是导致运动伤害的重要原因。动作技术是合理完成动作的方法,如果采用不合理的方法进行练习,只会产生两种结果,要么是动作完不成,要么是导致运动伤害。

操作技能的培养可以分为操作定向、操作模仿、操作整合与操作熟练四个阶段。

(一)操作定向

操作定向,即了解操作活动的结构与要求,在头脑中建立起操作活动的定向印象的过程。虽然操作技能表现为一系列的操作活动,但在形成之初,学习者必须了解做什么、怎么做的有关信息与要求,形成对动作的初步认识,即首先要掌握与动作有关的陈述性知识和程序性知识。

(二)操作模仿

操作模仿,即再现特定动作方式或行为模式。其动作特点如下。

(1)动作品质上,动作的稳定性、准确性、灵活性较差。

(2)动作结构上,各个动作要素之间的协调性较差,互相干扰,常有多余动作产生。

(3)动作控制上,主要靠视觉控制,动觉控制水平较低,不能自主发现错误与纠正错误。

(4)动作效能上,完成一个动作的速度往往比标准速度要慢,个体经常感到疲劳、紧张。

(三)操作整合

操作整合,即把模仿阶段习得的动作固定下来,并使各动作成分相互结合,成为定型的、一体化的动作。这个阶段的动作特点如下。

(1)动作品质上,动作表现出一定的稳定性、精确性和灵活性,但易受外界条件变化的干扰。

(2)动作结构上,动作的各个成分趋于分化、精确,整体动作趋于协调、连贯,各动作成分间的相互干扰减少,多余动作也有所减少。

(3) 动作控制上,视觉控制不起主导作用,逐渐让位于动觉控制;肌肉运动感觉变得较清晰、准确,并成为动作执行的主要调节器。

(4) 动作效能上,疲劳感、紧张感降低,不必要的心理能量的消耗减少,但没有完全消除。

(四) 操作熟练

操作熟练指所形成的动作方式对各种变化的条件具有高度的适应性,动作的执行达到高度的完善化和自动化,这个阶段的动作特点如下。

(1) 动作品质上,动作具有高度的灵活性、稳定性和准确性,在各种变化的条件下都能顺利完成。

(2) 动作结构上,各个动作之间的干扰消失,衔接连贯流畅,高度协调,多余动作消失。

(3) 动作控制上,动觉控制增强,不需要视觉的专门控制和有意识的活动,视觉注意范围扩大,能准确地觉察到外界环境的变化并调整动作方式。

(4) 动作效能上,心理消耗和体力消耗降至最低,表现为紧张感、疲劳感减少,动作具有轻快感。

四、中小学生体育运动竞赛的行为规范管理

即使学校在安全防护方面做再多努力,风险也不可能完全被规避,学生在参加体育比赛时仍可能受伤。以足球为例,意外伤害的发生率为3.5%,而且多发生在比赛时,而不是在训练时。学生在参加体育运动或进行某项活动时受伤,并不能立即表明学校没有履行防护义务。学校应根据相关法律法规,制定运动安全的应急预案和处理程序,为突发运动伤害处理提供可靠依据。

(一) 体育运动竞赛前的准备工作

(1) 选择适合学生年龄和能力的活动。
(2) 警告学生受伤的风险。
(3) 在培训和竞争的同时为学生采用适当的监督和纪律策略。
(4) 定期对体育场地和场馆进行安全检查。
(5) 定期检查设备和防护装备,确保安全以供学生使用。

(二) 体育运动竞赛活动注意事项

中小学生在校期间会参加大量的体育运动竞赛。体育运动竞赛包括校内组织的班级

间、年级间等比赛活动,也包括体育课中的体育教学比赛。体育竞赛活动具有较强的对抗性,消耗大量的体能,因此在组织这些活动时,必须做到以下几点。

1. 加强安全意识的培养

如何在体育活动过程中提高安全性是每一个体育教师都需要认真思考的问题。教师不仅自身具有高度的安全意识,也有责任和义务教育、帮助学生树立安全第一的思想。例如,有的学生活泼调皮,站队时相互推撞,不知控制力度和分寸,而有的学生平衡协调能力较差,易摔倒,从而造成身体伤害事故。遇到这种情况,教师应立即制止,并适当地批评教育,在让学生明白这一行为可能导致不良后果的同时,也让每个学生都认识到这是不安全的行为,杜绝类似事件再次发生。及时教育和随时提醒,从思想上引起重视,才能使学生时时约束不良行为,不做有危险的事,降低安全事故发生的频率。

2. 精心做好积极预防

活动前体育教师应及时掌握学生的身体状况,根据实际情况分配活动,选择合适的场地、安全的器材、适宜的服装。体育教师还要认真备课,带领学生认真做好活动前的热身。体育教师要做到课前安排好、器材准备好,处理好班与班教学内容与场地之间的分配,互不干扰,互不影响,充分合理地利用场地器材,同时做好安全防范工作。此外,活动后的安全工作更不可小视。体育教师应引导学生做好充分的放松活动,按照运动负荷的大小,适当选择放松时间,使肌肉松弛、心率平缓下来。另外,还要安排好器材的收回,保证学生安全离开活动场地。

3. 培养能力是目的

体育教师应高度关注学生心理健康,加强学生自我保护意识。学生掌握自我保护的方法非常重要。例如,有些学生在体育课中由于胆小或缺乏沟通等因素,即便身体不适也不向教师请假,为运动安全埋下隐患。在体育课的课前、课中、课后,体育教师都应留心观察学生是否有异常,如情绪低落、缺乏积极性、急于求成、胆怯忧郁等,以便及早处理,避免安全事故的发生。体育教师要善于观察,常与学生沟通,做好安全体育锻炼的宣传工作,消除学生的心理障碍,使学生愉快健康地进行运动锻炼。部分学生自我保护意识薄弱,应变能力比较差,因此体育课加强自我保护的教育必不可少。如身体失去平衡时应立即向前后方或侧方跨出一大步,以保持平衡;从高处跳下时要先用前脚掌着地,同时屈膝缓冲。另外,要教会学生互相保护帮助的方法,真正做到预防伤害事故的发生。

总之,对于体育教学中的安全问题,学校和教师应以积极健康的方式去思考,用谨慎客观的态度去分析对待,并通过科学的处理程序和应急救助措施来预防和应对。只要学校领导、教师和学生在思想上重视运动风险,同时教师教学以学生的身心健康为根本出发点,课堂上认真负责,严格管理,就可以减少或避免伤害事故的发生,让学生享受体育运动带来的健康和快乐。

第三章

中小学体育运动场地和运动器材的安全管理

中小学体育运动场地和器材是学校组织体育教学活动的必备条件,其配置与管理不仅对体育活动的开展水平有着重要的影响,还关系着学生的安全健康。体育场地和器材的管理工作上的任何疏忽,都可能诱发学校体育活动安全事故。本章将着眼于体育运动场地和器材的安全管理,结合国家和上海市颁布的各项标准、规范和文件要求,在充分考虑学校实际情况的前提下,提出体育运动场地和器材的配置、日常管理和维护保养要求。

第一节　中小学体育运动场地和器材的配置

体育运动场地是学校正常开展体育教学活动的前提和基础。2008年,教育部、卫生部、财政部联合印发《国家学校体育卫生条件试行基本标准》(教艺[2008]5号),对体育场地设置和体育器材配备进行了明确规定;2012年,住房和城乡建设部颁布了《中小学校体育设施技术规程》(JGJ/T280-2012),明确了中小学校体育设施的设计、选材、施工、检验与验收及场地维护与养护等方面的要求;2018年,教育部牵头组织制定了《中小学合成材料面层运动场地》(GB36246-2018),这是强制性国家标准,该标准自2018年11月1日开始实施,任何违背该标准并造成恶劣后果和重大损失的单位和个人,将受到经济制裁或承担法律责任。此外,上海市教委也结合本市实际情况编制了《上海市普通中小学校教育装备配备指南(试行稿)》(沪教委基[2017]49号),进一步细化了上海市中小学体育器材配备的具体要求。

一、中小学体育运动场地建设要求

中小学体育运动场地可包括室内的体育馆或体育活动室,以及室外的体育场。[①]

[①] 中华人民共和国住房和城乡建设部. 中小学校体育设施技术规程[S]. 北京:中国建筑工业出版社,2012.

（一）体育馆（体育活动室）

学校体育馆(体育活动室)宜设置篮球、排球、乒乓球、羽毛球、健美操、艺术体操等教学训练区和观摩区；有条件的学校，应设置更衣室、浴室。部分功能区域可根据实际场馆面积，在保证安全的情况下重叠使用。体育馆(体育活动室)的主要尺寸及安全设置要求主要包括：

（1）以球类项目为主的体育活动区的平面尺寸宜为 20 m×36 m、24 m×36 m、36 m×36 m、36 m×52 m 等，场地上空最小净高宜满足篮球 7 m、排球 7 m、乒乓球 4 m、羽毛球 9 m 等规定。

（2）体育馆外窗无避免眩光的设施时，窗的内侧应设护网，窗台距室内地面高度不宜低于 2.10 m。窗台高度以下的墙面宜为深色。

（3）根据各运动项目的实际需要，以及占用空间的要求，应在馆内各项目之间设置安全分隔设施。

（4）体育馆开放区域内应设置疏散通道。

（5）体育器材室的门窗及通道应满足搬运体育器材的需要。

（6）地面材料应满足运动项目的要求，有条件的学校可采用地胶；固定运动器械的预埋件应暗设，2 m 以下的墙面宜采用耐撞击的材料。

（二）体育场

学校体育场应由教学训练场地、附属用房组成。教学训练场地应包括环形跑道、直跑道、篮(排)球场(含部分课间操场地)、足球场、运动器械场地、体育游戏场地等。体育场的主要尺寸及安全设置要求主要包括：

（1）室外田径场及足球、篮球、排球等各种球类场地的长轴宜南北向布置，长轴南偏东宜小于 20°，南偏西宜小于 10°。

（2）标准篮球场、排球场、双打羽毛球场、双打网球场等各并列场地的边线间距离分别不宜小于 2 m、3 m、2 m 和 4 m。

（3）运动场地外侧应按运动项目竞赛规则的相关规定预留安全区，并应符合缓冲距离、通行宽度及安全防护等方面的规定。安全区内不应有凸出或凹陷的障碍物。

（4）运动场地材料应满足运动项目对地面材料及构造的要求，球场和跑道不宜采用非弹性的面层材料。塑胶面层原材料及成品应符合《学校运动场地塑胶面层有害物质限量》(T/310101002 - C003 - 2016)的有关要求。

新建塑胶跑道引发学生身体不适

前几年，全国部分省市的个别学校发生的学生疑似因新建塑胶跑道导致身体不适的情况，引起了社会舆论的强烈反响。虽然政府部门反复强调，要加强学校的施工管理，严控建筑材料质量,但是仍然有企业铤而走险,为了降低成本,选择劣质的建筑材料。同时中小学校自身亦未有足够的专业能力对塑胶跑道的质量严格把关,从而导致运动场地和运动器材存在严重的质量安全隐患,进而产生了各种校园安全事故纠纷案。

通过上述事件我们发现:一方面,随着社会发展,学校运动场地设施的更新升级及新产品的引入速度逐渐加快,各级行政部门及第三方监管机构应及时研究并更新相关产品的质量标准;另一方面,学校应及时掌握相关产品的技术标准要求,并严格执行运动场地和运动器材的工程立项、招标、施工及验收的各项规范流程,以保证学校体育运动场地和运动器材的安全,进而保障学生体育运动过程中的身心健康和学校自身的合法权益。

(三) 其他

(1) 中小学体育运动场地应满足各年级段体育教学改革的需求,如高中学校体育场地应设置体育专项化教学所需的体能教室,以及各专项活动场地。

(2) 如确因校舍面积的限制,无法满足相关体育场地面积要求,学校应充分利用现有体育运动场地,通过灵活的课程和活动安排来满足体育教学和训练的需求;学校还可以通过合理规划布局,在满足使用材料和相关器材设备符合质量标准的前提下,通过"上天入地"等方式积极挖掘学校潜能,对相关场地进行体育功能改造;还可以对现有运动场地进行复合功能的升级,提升运动场地的使用效率;此外,学校还可以充分利用校外资源,形成校际联动,充分利用他校的场地,弥补本校的场地不足。

二、 中小学体育器材配置要求

(一) 体育器材的品种和数量要求

为满足体育教学和体育活动的需要,学校应根据《上海市普通中小学校教育装备配备指南(试行稿)》(沪教委基[2017]49号),结合学校实际,配备体操、田径、球类等课程教学所需的运动器械、测量工具、计时工具等器材。此外,学校还应根据体育教学改革的需求,配置相关体育运动器材,如配置适用于"小学兴趣化、初中多样化、高中专项化"改革的体育器材和体能器材等。

(二) 体育器材的产品安全要求

体育器材配置要本着规范、安全、耐用的原则,所配置的体育器材须符合产品的国家标准或地方标准。目前,教育部和原轻工部都曾颁布体育器材的标准,原轻工部的标准主要适用于成人体育运动或竞赛活动的器材,而教育部所编制的《中小学体育器材和场地》(GB/T19851-2005),是针对中小学生的身心特点制定的强制性国家标准,中小学校必须贯彻执行。此外,除了具体的体育器材产品标准,学校在器材配置时还需要执行器材安全的通用标准,如《室外健身器材的安全通用要求》(GB19272-2011)等。

学校篮球架应执行什么标准

上海市某学校使用的篮圈高为 3 050±6 毫米,不符合中小学篮球架篮圈至地面高度 2 700±8 毫米的标准要求,从而导致学生体育课篮球比赛时意外受伤。

法院审理认为,涉案学校篮球架为篮圈至地面高度为 3 050±6 毫米的成人化标准架,而根据《中小学校体育器材和场地》的国家标准,中小学使用的篮球架篮圈至地面高度应为 2 700±8 毫米。涉案学校篮球架不符合国家规定的相关安全标准,学校应承担相应的赔偿责任。

通过这起案例我们可以发现,为避免类似情况再次发生,政府职能部门应及时明确有关学校采购器材时须执行的标准,避免学校因政策要求不清晰,导致工作疏忽;同时,学校应严格执行体育场地的建设管理标准,依照标准要求进行场地建设和管理。

学校体育器材的采购要严格按照相关法律法规执行,要将国家标准和地方标准写入招标文件和采购合同,有预埋件的体育器材在安装时须做好施工过程的监理,采购的体育器材经过验收后才能投入使用,以确保器材质量和使用安全。

第二节 中小学体育运动场地和器材的日常管理

对于已建成的体育运动场地和已配置的体育器材,学校应建立健全各项管理制度、工作职责和业务档案,并根据办学规模和教学需求,配置相应的体育场地和器材管理人员。本节针对中小学现有的体育场地和器材管理问题,给出了对应的使用规则和管理制度[①],学校可结合各自实际情况制定具体的管理细则。

一、体育运动场地和器材的使用规则

(一)体育馆(体育活动室)使用规则

(1)管理员应严格执行体育馆(体育活动室)的管理制度,在体育馆内进行日常体育

---

① 上海市教育委员会教育技术装备中心.上海市中小学实验室(场地)管理手册[Z].2013.

教学、运动训练和体育竞赛期间,禁止进行其他无关活动,以免干扰教学、训练、竞赛活动的正常开展。

（2）管理员应强调体育场地的纪律要求,在场馆内严禁打闹、喧哗。严禁穿带有铁钉或铁掌等易磨损地面的鞋子进入运动场地。

（3）管理员应强调场馆内的器材使用规范,未经管理员同意,学生不得擅自动用馆（室）内设备和器材。在学生运动过程中,管理员要对正在使用运动器材的学生重点看护,要求他们严格遵守操作规则,发现问题及时报告。严禁擅自挪动、攀爬场地内的任何设施设备。馆（室）内物品如有人为损坏,应按学校有关规章处理。

（4）学生须在教师或管理员的指导和保护下使用体育器械。

（5）管理员应及时擦干运动场地上出现的液体（如水、汗液等）,严禁学生在运动场地内洒水,严禁随意穿行正在进行活动的区域。

（6）管理员和使用者应保持馆（室）清洁卫生,使用完毕后立即打扫清洁。

（7）管理员应严禁使用者私自使用照明、空调等用电设备,如有需要,须联系管理员,由其同意后开放供给使用。

（8）非开放时段,不可入内（经申请核准的除外）。

（二）体育场使用规则

（1）在场地内进行日常体育教学、运动训练和体育竞赛期间,管理员应禁止进行其他无关活动,以免干扰教学工作的正常开展。

投掷场上的危险

安徽某高校体育课曾发生过两起体育意外伤害事故。授课内容是投掷（标枪）,一起是学生在练习过程中,由于出枪角度较偏,标枪刺到一位正在操场跑步的学生;另一起是标枪刺到捡枪学生腿部。

造成这两起体育安全事故的原因是多方面的：第一,体育教师对场地器材检查不够,在带有极大危险性的项目练习中,应该对练习场地进行清场,无关人员应离开场地；第二,学生注意力不集中,捡枪学生应时刻注意对面来枪。

在投掷类教学中,教师应严格按照运动项目对场地的要求进行教学。这个案例虽然发生在高校,但对中小学仍然有警示作用。体育教学授课前学校管理员一定要对场地器材进行安全检查,授课教师应对学生进行安全教育,避免出现体育意外伤害事故。

（2）管理员须要求使用者穿适合运动的鞋进入场地,严禁穿高跟鞋,以免场地变形损坏或发生伤害事故。

（3）管理员应禁止使用者翻越、攀爬栏杆或擅自挪动场地内任何设施设备。器材如有人为损坏,按学校有关规章处理。

（4）学生须在管理员或教师的指导和保护下使用体育器械。

(5) 为避免发生伤害事故,投掷类器械必须在规定区域内使用;(未进行比赛时)在进行活动的区域内穿行须注意安全[①]。

(6) 管理员须严禁撕挖或用利器破坏草坪等行为。

(7) 管理员须严禁各类车辆进入塑胶跑道和草坪。

(8) 管理员和使用者应保持场地清洁卫生,使用完毕后立即打扫清洁。

(9) 管理员应注意检查进入场地活动人员的健康情况,有特异体质或特定疾病的人员应提前报告管理人员,防止意外发生。

二、体育运动场地和器材的管理制度

(一)体育专用场所管理制度

(1) 学校应指定专人对体育专用场所进行管理,并建立严格的使用登记制度。运动场所的开放顺序依次为:体育课、学校专项训练、本校师生活动、对外开放。

(2) 学校的各类体育设施设备、运动场馆必须设置警示标志,管理员负责监管,定期进行安全检查,做好检查记录。发现隐患立即停止使用,并立即进行维修或整改,无法维修或整改的,应坚决予以拆除。

体育场地使用前须排除安全隐患

河南某中学的体育课授课内容为跳远。在练习跳远时,由于沙坑很久没用,沙子结块过硬,一位学生跳入沙坑后导致小腿胫骨骨折。

这起体育安全事故主要是由该校跳远场地沙坑沙子太硬造成的。体育教师在授课前没按要求进行翻沙,从而导致学生受伤。体育教师没有重视场地安全,课前没有尽到职责,没有仔细查看跳远场地是否符合要求,忽略了不安全因素的存在,应该承担主要责任。

(3) 体育专用场所严禁吸烟和使用易燃易爆物品。大型演出或者比赛等活动结束后,管理员必须对场地进行认真清理检查,杜绝火灾及其他隐患的发生。

(4) 对专业性较强、技术动作难度较大、可能发生伤害的体育器械,必须设置警示标志。学生使用时管理员或教师必须在场,采取严格保护与帮助措施,并配有应急医药箱。

(5) 运动场跑道应经常冲洗,每季度至少要大清洗一次。

(6) 学校应对管理员进行定期培训,并委托管理员对教职员工和学生开展正确使用和爱护体育运动设施设备的宣传教育活动。

[①] 上海市教育委员会教育技术装备中心.上海市中小学实验室(场地)管理手册[Z].2013.

（二）体育器材管理制度

（1）体育器材必须由管理员负责管理。管理员应建立体育器材登记账目，详细登记每件器材，做到账、物相符。体育教师负责提出体育器材添置计划，新增添器材设备及时验收并登记入账。

（2）体育器材存放做到规范化，以便使用和管理。管理员应经常整理器材，保持器材室整洁有序。如管理不善或人为损坏器材设备，按学校有关规章处理。

（3）领用、归还器材必须由教师或指定人员进行，并经管理员认可后方可离开。非指定人员不得进入器材室。

（4）管理员须定期做好器材的保养和维护工作，重点检查各项器材是否存在锐角、快口、飞边、毛刺、不稳固、易倾倒、易断裂、易挤伤、易跌落、易剪切、有零部件弹出或飞出、紧固件松动、活动部件运动受阻、高度或尺寸不适合、易造成伤害的凸出物等隐患。对危险性较大的室内外器材应高度重视，切实消除安全隐患。重点检查器材是否被腐蚀、霉变、松脱、断裂、有倾倒趋势、安全距离变化等情况。

体育器材须定期做好保养和维护

山东某中学体育课，授课内容为篮球。讲解内容结束后学生分组练习，学生练习过程中，一个篮球架突然向前翻倒，正在该篮下练习的一位同学因躲闪不及，被篮板砸中头部，不幸身亡，还有一位同学手臂被砸伤。

这起体育安全事故的原因是多方面的。首先，学校负主要责任，管理员对体育场地器材安全检查不够，篮架固定不牢固是直接原因；其次，体育教师也负有一定责任，没能在体育课前对所需场地器材进行详细检查，以及时排除事故隐患。

管理员和体育教师在体育课前一定要进行常规的安全检查，特别是场地器材，以避免或减少体育课中安全事故的发生。

（5）无法维修的器材，应及时报废。管理员应于每学期末及时做好器材的清理、核对和报损工作。

（6）未经学校主管领导同意，管理员禁止将体育器材出借给他人。

第三节　中小学体育运动场地和器材的维护保养

一、体育运动场地的日常维护

本节将涉及中小学现有的体育场地维护保养问题，如对运动木地板、合成材料面层、天然草坪、人造草坪的日常维护等,学校可结合各自实际情况制定具体的维护保养细则[①]。

(一) 运动木地板

(1) 管理员应避免使用人员用锐物划、戳伤运动木地板的行为。

(2) 管理员应避免阳光长时间直射运动木地板。

(3) 管理员应保持运动木地板干燥、清洁,及时清除水渍。在日常清洁时,应使用干的软布擦净,不得使用碱水、肥皂水等腐蚀性液体擦洗。

(4) 在运动木地板每次使用完毕后,管理员和使用者都应及时清扫。

(二) 合成材料面层

(1) 合成材料面层有污秽应随时清洗,管理员应定期清扫砂、树叶、垃圾等,每季度应整体洗刷一次。

(2) 合成材料面层使用前后,管理员应用水进行冲刷。

(3) 管理员应保持跑道上各种标志及线清晰、醒目。有褪色时,应重新描画。

(4) 管理员应注意场地面层的使用情况,在发生断裂、脱层时应及时修补。

(三) 天然草坪

(1) 管理员应注意天然草坪的保养时间,严格执行保养期间的各项规定,在保养期间禁止无关人员、重型机械和车辆进入。

(2) 雨雪天气不宜使用天然草坪。

(3) 管理员应及时检查天然草坪的给排水系统,保持通畅。

(4) 管理员在天然草坪保养期间的养护,应符合下列规定:①草坪草高度宜保持在 $0.03\sim0.05$ m,修剪的频率应根据草坪的生长速度确定;②定期聘请专业人员对草坪进行施肥;③定期聘请专业人员对杂草进行清除;④定期聘请专业人员对草坪进行除虫、防治;⑤定期聘请专业人员给草坪进行灌溉、补水;⑥定期聘请专业人员更新草坪覆土(沙)的材料。

当草坪出现退化、人为破坏、使用过度、长期使用而缺乏正确的养护管理以及使用杀虫剂、除草剂、肥料不当而造成草坪受伤害,使草坪局部以至全部失去使用价值时,管理员应聘请专业人员对天然草坪采取下列维护措施:①草坪打孔、表面松土。应用草坪打孔机打孔,打孔、松土宜每年进行一次,并应在冬、春季节进行。②草坪梳草。应除去过密的不健康的茎叶,同时划破表土层松土,然后用吸草机把枯草吸走,或用人工的方法处理掉。

---

① 中华人民共和国住房和城乡建设部. 中小学校体育设施技术规程[S]. 北京:中国建筑工业出版社,2012.

③草坪覆土(沙)施肥。④草坪补草。当草坪被人为破坏、使用过度、保养不当,造成草坪伤害严重,无法生长或自然死亡时,应采取补播、补种或铺草皮。

(四) 人造草坪

(1) 管理员应注意人造草坪的保养时间,安装完成后,保养时间不应少于14天;管理员须严格执行保养期间的各项规定,在保养期间禁止无关人员、重型机械和车辆进入;保养期间,高温天气不得组织清扫。

(2) 管理员在人造草坪保养期间的养护,应符合下列规定:①管理员须严禁机动车辆在场地内行驶、停放;②管理员须保持人造草坪清洁,及时组织人员清理杂物、污渍、油渍;③33℃以上天气,不应使用清洁机清洗;④管理员应定期用水冲洗人造草坪;⑤当人造草坪发生损坏时,管理员应及时进行修补;⑥管理员应按人造草坪产品保养手册和管理要求进行保养和清洁。

二、体育运动器材的日常维护

本节主要针对中小学现有的体育器材维护保养问题展开,如户外器械和户外安全地垫的日常维护,学校可结合各自实际情况制定具体的维护保养细则。

(一) 户外器械

(1) 所有户外器械,在使用一段时间后,管理员都应检查金属件表面防锈层完好情况,若有脱落或划伤、刮伤的,管理员应及时联系维护人员以同色油漆喷刷,以保护金属件,防止锈蚀。

(2) 若户外器械出现松动、裂痕、零件脱落等异常情况,管理员应立即在器材的明显位置挂牌警示和停止使用。

(3) 乒乓球台、篮球架等器械,管理员应定期检查紧固件的牢固性,若有松动应及时用扳手等工具将松动部位的紧固件拧紧。

(4) 羽毛球柱、排球柱等移动式器械,管理员在其使用完后应移至室内存放,并定期对轴承等转动部位涂抹润滑油,以保证轴承的使用寿命。

(二) 户外安全地垫

(1) 管理员应确保安全地垫的定期清洗、维修和保养工作。除经常清理外,有污秽随即清洗,污秽重的地方可加适量洗衣粉刷洗或擦拭。

(2) 管理员应定期检查场内排水系统,保持场内排水畅通,以防安全地垫长期积水,影响使用寿命。

（3）管理员须禁止各种机动车辆在安全地垫上行驶,禁止穿高跟鞋、钉鞋或赤脚在上面行走,禁止携带口香糖、腐蚀性物品(包括碳水化合物、饮料等)入内,不得刺穿切割。要保持清洁,避免有害物质的污染。

（4）管理员应避免长时间重压地垫。防止剧烈的机械性冲击和磨擦,以免弹性减弱和变形。

体育运动场地和运动器材的安全是体育安全保障的有力支撑,其安全管理涉及采购施工、日常管理和维护保养等各个环节,需要学校建立完善的体育场地和器材安全管理体系,严格落实各项标准规范,认真执行安全管理要求,保障学校场地和器材的安全使用。

第四章

中小学体育运动突发
事件的应急管理

中小学体育运动突发事件是指在中小学体育课、课外体育活动、课余运动训练、体育竞赛等活动中突然发生的,与体育活动中的人或物有相当联系,给学生身心带来严重伤害甚至造成学生残疾或死亡,需学校、教师、学生在极短的时间内采取应急措施进行处置的事件。体育突发事件本身就是一种风险事件,具有不确定性、原因的复杂性、处理的困难性等特点[①]。体育运动过程中出现突发事件,如果没有相应的应急管理机制,就会给学生个人、家庭和社会造成重大损失,也会给学校管理带来巨大的压力。

《国家中长期教育改革和发展规划纲要》指出:"完善学校突发事件应急管理机制,妥善处置各种事端。"通过有效的管理行为能够预防和处理中小学校体育运动中的突发事件,以使学生摆脱危机状态的行为过程,从而最大限度地减少突发事件的负面影响[②]。本章将从学校体育运动突发事件的原因和类型、应急管理方法以及应急管理的制度保障来详细介绍如何通过有效的管理来预防和处理学校体育运动中的突发事件。

第一节　学校体育运动突发事件的原因和类型

由于体育运动本身具有的对抗性、竞争性等特点,再加上运动场地和设施存在一些安全隐患,体育教师在课堂设计组织上的疏忽以及学生自身重视程度不够等原因,在体育运动过程中会出现一些难以预料的特殊事件,这些突发事件超越了体育运动组织、实施的常规范畴,突然发生又需要立即处理。如果处理不当,轻则影响运动效果和活动秩序,重则造成人身伤害事故。在当今"健康第一""以人为本"的思想指导下,如何正确有效地处理和防范学校体育运动突发事件,已成为每位体育教师和相关责任领导非常关注的问题。

---

① 罗平.高校体育突发事件的成因与应对措施研究[D].福州:福建师范大学,2014:33.
② 孙斌.学校突发事件应急管理存在的问题及解决对策研究[J].中国安全科学学报,2006,16(12):73-78.

一、学校体育运动突发事件的原因

1. 体育项目本身存在一定的危险性

体育项目根据对抗程度的不同,可分为对抗性和非对抗性。在体育运动过程中,除了自身身体的活动外,学生还会借助跳绳、栏架、球类等器械进行身体锻炼,这其中对自身肌肉和器械的掌控能力将直接影响学生是否能够顺利完成项目。如果对自己期望过高而自身能力有限,就可能会出现一些意想不到的突发事件。同时,学生在进行集体项目,如篮球、足球等具有竞争性和对抗性的活动时,身体的相互接触、碰撞很容易出现碰伤、撞伤等突发事件。

2. 教学设计不充分,组织管理不合理

有些体育教师安全意识不强,思想认识上不够重视,在体育教学的设计中,考虑不全,备课不充分,缺乏有效的组织管理,如备课时对运动场地安排不合理,造成运动场地人满为患,活动组织混乱,特别是投掷项目很容易导致体育运动过程中产生突发事件。

3. 学生身体素质和运动能力差,无视课堂纪律

中小学生作为体育课的教学对象,处在身体迅速发育和成长的时期,身体的素质和能力也在日益发展,在力量、速度、反应、平衡等方面都在不断提升和进步,但这并不意味着这些能力处于稳定和协调的状态。中小学生有着强烈的独立倾向和反抗倾向,非常喜欢挑战和突破自己的能力,尝试自己没有做过的运动或项目,但由于身体功能不够成熟、不够协调,加之对运动项目并不熟悉,非常容易出现突发事故。

有些学生本身患有特殊疾病或器质性疾病等不适合体育锻炼的疾病,但又不好意思启齿或者没有意识到隐瞒实情的后果(学生和家长应当充分预见隐瞒病情会产生的后果)。假若学校和任课体育教师并不知情,在进行体育锻炼和教学过程中教师没有进行区别对待,很容易导致体育课突发事件,为体育教学活动埋下重大的安全隐患。

组织纪律意识淡薄。在准备活动阶段,部分学生忽略准备活动的重要性,热身不充分。在进行体育教学活动的过程中,有些教学内容,需要学生互相帮助来完成,部分学生不遵守课堂纪律,合作意识淡薄,不能认真合作下协助另一学生完成动作,容易造成突发事故。教师管理方法得当,活动方式合理,正确履行了管理、指导、教育的法定义务,但仍有学生仍然不听从教育、一意孤行,造成自身和他人伤害,如:学生不听从指挥,同学间打打闹闹、我行我素;学生不听从安排、不遵守运动规则、动作粗野。

4. 体育场地和器材问题

许多学校由于体育教学经费投入相对不足等,体育场地条件差,器材设施缺乏,或场地设施器械不符合国家或有关部门的安全标准,维修不及时,保护措施不当。对体育场地

设施、器械的安全性认识不够,如果再加之使用不当,也容易导致突发性事件的发生。

5. 黄蜂、地震等不可预见的原因和不可抗力

在体育教学活动过程中,如果遇到黄蜂、地震等不可抗力或自然灾害,会因为不可预见性,导致突发性事件,造成对正常体育教学秩序的干扰。

二、学校体育运动突发事件的类型

学校体育运动突发事件按照组织形式的不同可分为体育课堂教学突发事件、课外体育活动突发事件、课余运动训练突发事件、体育竞赛突发事件。

(一) 体育课堂教学突发事件

体育课堂教学突发事件可以理解为在体育教学中突然发生的事件,其发生、发展的速度很快,出乎意料,往往不同程度地影响教学而且难以应付,必须采取有效的方法来处理。依照是否造成学生的身体伤害,分为一般突发事件和安全突发事件两类[①]。

1. 一般突发事件

一般突发事件主要是指体育教学过程中,学生在学习、锻炼时发生矛盾、冲突或者打架等教学事件,是教师在教学预设中所始料不及的。这就需要教师根据问题的缘由,实时处理,摆脱其对教学的干扰[②]。有效地处理课堂上的突发事件关系到课堂秩序的稳定和班级同学之间的团结,同时也反映一名体育教师的课堂管理能力及处理艺术。处理得当,也许会使一些消极的因素转变为积极的因素。

在一次接力跑游戏中,小石一组的同学没有进行接力拍手就跑出,违反了游戏规则,且最终获得胜利,另外一组同学愤愤不平。体育教师提出同学们再比一次,并对没有及时制止犯规表示歉意,同时强调"友谊第一、比赛第二",游戏的目的是让同学们得到锻炼和增强团队协作意识。在安抚学生们的激动情绪后,又重申了比赛规则,提醒学生们不要犯规,增强使命感和团队意识,让学生们在公平、公正的游戏中得到欢乐,得到锻炼。

这种情况下,体育教师没有过早下结论,而是提出再比一次,同时强调"友谊第一、比赛第二",重申比赛规则,维护了同学之间的友谊及本班的团结,从而避免了不良事件的发生。

2. 安全突发事件

安全突发事件是指在体育课堂中,由于各种原因导致学生的身体受到损伤、伤残,甚至死亡的突发事件。导致安全突发事件的原因有很多,例如场地器材不符合训练要求,教

---

① 郁晶晶. 论高校体育教学突发事件中的应急机制[J]. 体育科研,2015,36(1):100-103.
② 徐阿根. 体育教学技能——上海市中小学体育教师手册[M]. 上海:上海教育出版社,2012:81-82.

师课堂组织无序、教学预设不足及学生自身纪律性差等。

在体育课临近下课时,陈同学希望李老师对其100米成绩进行测试,于是来到跑道上。与此同时,在操场上进行的是运动会开幕式的彩排,教师和学生在跑道上穿行。虽然李老师在其跑步之前,告知跑道上的教师及学生让出跑道,但在其跑的过程中,还是撞到了一位指挥彩排活动的教师。陈同学在高速奔跑中摔倒在地,髋关节剧烈疼痛。事故发生后,教师及时拨打120,将其送往急诊,经检查该生大腿外侧肌肉拉伤。

上述事件中,体育教师李老师对课堂内可能发生的危险情况预设不足,尤其是和其他项目共同使用场地时,需要在杜绝安全隐患的前提下才可以进行较为激烈的运动项目。

(二)课外体育活动突发事件

课外体育活动突发事件是指在学校组织的各种课外体育活动,如大课间活动、快乐活动日中,由于学校器材不符合要求、组织形式不当、学生纪律性较差等导致的突发事件。

小明为某校五年级学生,活泼好动,参加大课间活动时,活动地点在杠区,小明见到其他同学在单杠上做"一脚蹬地翻身上"的动作,也想去尝试,但由于自己没有练习过,便让同伴小涛保护他。由于动作方法不正确,快速翻转下杠时,小明两手无力,跌落杠下,小涛也未能托住他,于是小明滚落至保护垫外,肘关节撞在硬地面,导致肘关节骨折。

该案例中,小明在学校组织的课外体育活动中进行超越自己能力的项目,班主任作为带队教师,体育教师作为巡视人员,均未能尽到告知风险、安全防护的职责,故存在教师指导、保护不到位的情况。

(三)课余运动训练突发事件

课余运动训练突发事件是指在教师组织的各项课余运动训练过程中,由于器材使用不当、场地安排不合理、运动负荷过大等造成的突发事件。

(四)体育竞赛突发事件

体育竞赛突发事件是指在学校组织的各项体育竞赛中,因学生个人、场地器材、天气等造成的突发事件。

小李同学是某校七年级的学生,非常喜欢运动,她患有先天性心脏病,但经过治疗已无大碍,平常运动时与常人无异。在学校春季运动会中,她报名参加1 000米长跑比赛,出于班级荣誉感,小李在比赛中拼尽全力,冲过终点后晕厥倒地,以致面部擦伤,学校医务教师及时救护,没有出现更严重的事故。

上述案例中,小李同学对自己的身体状况没有正确的认知,也未向教师和学校报告实际情况,自主报名参加较为激烈的竞赛项目,导致自己的身体出现伤害。

第二节　学校体育运动突发事件的应急管理方法

一、学校体育活动突发事件应急管理的操作流程

由于缺乏对体育运动突发事件的重视,个别学校应急管理机制缺失,没有制定规范化的应急预案,出现学生伤害事故后没有可靠的处理依据,受伤的学生得不到及时的救治,从而导致更严重和复杂的后果。

应急管理操作流程不规范而导致的家校纠纷

体育课上,两个高中男孩参加足球比赛,其中一个男孩铲球时不慎把另一个男孩铲倒,体育教师马上过来询问情况,摔倒男孩比较腼腆,站起来说"没事",体育教师没有追问、查看,也没有嘱托班主任进一步观察和做好预案。晚上,妈妈发现孩子手腕红肿,立即去医院挂急诊,诊断结果是骨折,但由于没有及时就医,导致移位,以及对周围神经和组织造成破坏。

虽然经过手术治疗和长时间的康复,但孩子的无名指和小手指的运动功能部分受损,且手指时有麻胀感,无法痊愈。学校承担了部分医疗费用,家长要求学校对孩子的手部伤残进行大额赔偿。经过鉴定,孩子的伤势未影响手部正常基本功能,未达到伤残鉴定最低标准,学校拒绝赔付。但家长认为孩子上课时受伤,且学校没有及时送医,对孩子造成了无法弥补的伤害,于是将学校告上法庭。

案例中由于体育教师缺乏安全意识,对学生在体育运动中出现的安全突发事件缺乏足够的重视,没有落实相应的操作流程导致孩子没有及时就医,也给后期学校的工作造成了不必要的麻烦。由此可见,熟悉学生伤害事故的处理流程至关重要。图4-1、图4-2所示为两所学校学生伤害事故的处理流程,以供参考。

在伤害事故发生场所,事故当事人要第一时间将学生送到学校卫生室,由医务教师根据伤情严重程度判断是否送医院。根据具体情况考虑送医方式,学生伤情严重或无法移动、无法判断或行动不便时,立即拨打120;学生伤势较轻的,由送医陪同人员(医务教师或班主任等)护送至医院。

以上两校的伤害事故应急处理流程非常清晰,具有较高参考价值。作为学校层面的应急处理,需要有规范的处理流程,才能及时地对学生出现的伤害事故进行处理,避免因处理不当造成纠纷。

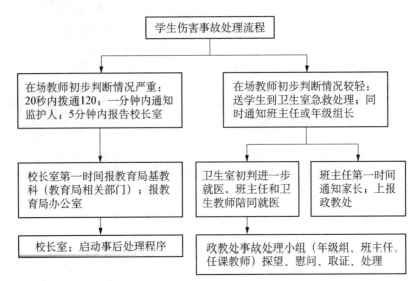

图 4-1 某校在校学生伤害事故应急处理流程

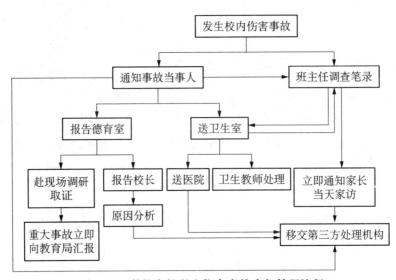

图 4-2 某校在校学生伤害事故应急处理流程

二、学校体育活动突发事件应急管理的注意事项

(一)安全原则

(1) 健全组织,条块结合,以块为主,明确第一责任人。

(2) 健全制度,定期检查,预防为主,明确引发的原因。
(3) 健全预案,快速反应,以消为主,明确应急的程序。

（二）明确职责

(1) 教育告知到位。班主任和任课教师做好日常的安全教育工作。
(2) 设施设备到位。定期检修和维护学校体育设施,不留隐患。
(3) 责任人员到位。活动期间负责教师必须到位,杜绝擅自离岗。
(4) 救护工作到位。如有伤害事件发生,必须按流程上报、处理。

三、学校体育活动突发事件应急管理的备案制度

（一）医务室备案

学生出现伤害事故后,医务教师根据学生伤害的情况填写就诊记录,若伤害较为严重,根据医院就诊记录填写学生伤害个案报告卡(详见附录三),并及时上报分管学校的街道医院,由街道医院上报区、市疾控中心。

每学期末,医务教师对本学期学生伤害事故进行汇总,对学生伤害事故的人数、原因、时间、地点、伤害部位、是否为体育类等方面进行统计,并将学生伤害事故统计表上报分管学校的街道医院(详见附录四)。

（二）政教处备案

根据学生伤害事故处理流程,政教处在学生发生伤害事故后,应及时了解情况,及时统计学生伤害个案报告卡,并填写学生伤害事故情况报告表,学期末填写学校伤害事故统计表,从伤害后果、事故责任、受伤原因、事故时间、事故赔偿金额等方面进行汇总,最后呈报相关上级部门。

第三节 学校体育运动突发事件的应急管理的制度保障

体育是学校教育的重要组成部分,肩负着为社会培养全面发展人才的重要使命,要保障学生在学校体育运动中的安全,需要健全规范的制度保障。根据《学校体育工作条例》及有关文件精神,根据体育课教学的实际特点,学校应高度重视学生在校参加体育活动及体育课意外伤害事故的预防、保护和处理,尽量减小伤害事故造成的不良后果。

一、学校层面的制度保障

（一）做好宣传工作，增强师生安全意识

（1）全盘考虑，统筹规划，借助视频或广播等途径宣传校园运动安全知识。

（2）组织知识讲座、案例分析等主题活动，并利用学校宣传栏，做好学校体育运动安全宣传工作，切实增强师生的安全意识，提高安全防范能力。

（二）健全安全管理网络，精准落实安全举措

（1）建立以校长室、体育组、年级组、班主任、任课教师、学生为主体的校园运动安全管理网络，组建各部门安全工作组，明确职责，合理分工，科学确定各部门的安全工作职责。

（2）制定校园安全管理制度和预案，保证学生在发生意外时，能够及时得到救治，消除或降低体育运动伤害风险。

（3）落实好各项体育活动，做到活动开展有计划、有过程、有考核，监督考核到位，并将此项工作列入对班主任、体育教师的绩效考核中。

（4）体育活动的开展应得到学校主管部门的同意和支持。学校体育活动的开展应有组织、有计划，特别是体育训练与比赛活动。学生到校外参加体育比赛或其他体育活动，应视具体活动内容安排学校分管领导、体育教师等相关人员带队，并事先对学生进行安全教育。

（三）完善安全保障措施，确保校园运动零风险

（1）学校每位教职工都有责任、有义务保护学生的健康和安全，发现学生有不安全行为，要立刻给予制止和教育，如果遇到学生发生伤害事故，要及时给予救治。

（2）体育科室每月对学校的体育设施、器材进行一次安全检查，若发现不安全因素，要及时以书面形式报告学校，学校要及时对体育设备、器材、场地等进行维修或更新。

（3）配备专职医务人员。

加强学校医务室建设，做好伤害监测工作。医务人员对本校学生在体检中发现的问题建立专门档案，并通报家长、班主任、体育教师，安排适宜的活动，力求做到既有适宜的运动，又能防止安全事故的发生[①]。

---

① 黄玉岷.校长是校园运动安全的第一责任人[J].中国学校体育，2018(3)：11-12.

二、体育教师层面的制度保障

（一）课前合理安全设计

体育教师拥有良好的安全意识并付诸教学实践是体育教学安全进行的重要保障。教学安全设计需要在教案中体现，一旦出现不可预测的运动安全事件后，它将是体育教师维护自身合法权益、进行自我保护的客观依据，具体实施如下。

（1）根据天气和气候特点确定体育教学内容，例如耐久跑尽量不安排在夏季进行，跳跃性练习尽量不安排在冬季进行等。

（2）体育课堂教学的各个环节中，队伍的调动及教法、学法应有安全方面的考虑及相关要求，并在教学设计中体现，不能省略。

（二）课堂教学安全实施

（1）加强体育课基本常规的要求。体育课要求有组织、有纪律、有序地开展活动。上下课前体育委员整队报告人数，如果有同学未到，体育教师应及时与班主任和政教处联系处理，妥善安排体育活动，切实加强责任心，对学生进行必要的安全教育，同时加强课前十分钟的管理。

（2）对准备活动的要求。在体育课、训练课或是课外体育锻炼时，体育教师必须教育和要求学生做好充足的准备活动，对服装、鞋不符合上课要求的学生要求其予以更换。

（3）主动了解学生的健康状况。通过询问、观察等方式了解学生情况，对有特异体质、特殊疾病或不宜参加某些体育活动的学生，体育教师应及时通报班主任和政教处，合理安排运动量和运动强度，以防发生运动伤害和意外。

（4）讲明动作要领，做出动作示范，提出具体要求、注意事项等，并加强安全保护，掌控整节课的活动情况。

（5）发现学生打闹或做出危险动作，要马上纠正或制止，对性格异常、情绪不稳的学生要及时、有效地进行教育与引导。对情况比较严重的学生，应及时通知政教处、班主任或心理健康指导师做进一步处理。

（6）下课前集合整队，清点人数，做好总结和讲评，若发现学生身体有不良反应，要及时通知校医和班主任。

（三）课后及时总结反思

课后反思不仅是总结和提升教学经验的途径，更是梳理体育课安全问题的重要时机，有利于保障体育课堂安全、有序地进行。课后反思的主要内容包括课前、课中的管理。

（1）课前是否对体育器材进行仔细检查。

（2）准备活动是否充分。

（3）课堂设计是否存在安全隐患。

（4）体育教学中的保护与帮助是否正确、及时。

（5）特殊天气下的体育活动安全措施是否到位。

（6）对特殊情况的学生是否做到因材施教等[①]。

（四）掌握运动损伤处理常识

体育运动中，运动损伤不可避免，体育教师作为体育课堂的执教者，需要掌握一定的运动损伤处理常识，以便在学生出现运动损伤时，及时给予帮助和救治。体育课堂中最常见的运动损伤有中暑、抽筋、岔气、擦伤、扭伤、肌肉拉伤等，教师需要熟悉常见运动损伤的处理方式，对需要帮助的学生给予及时、有效的指导。

---

① 黄虹.校园体育安全教学中体育教师的"六个不能"[J].中国学校体育，2018(3)：12-13.

第五章

中小学体育运动安全防控制度建设

各级各类学校积极鼓励中小学生参与各项体育运动,以促进他们的体质健康和提高他们的运动水平,而体育运动的安全工作关系到广大中小学生是否能够获得安全、愉快的体育活动体验。通过中小学体育运动的组织管理、安全保障、指导监督、责任认定等相关制度的建设,建立中小学生安全进行体育活动的防控流程,形成中小学体育运动安全防控机制,就能确保中小学生在校期间安全参与体育活动,为校园体育运动中可能出现的安全意外提供预防与处理的机制保障。2015年教育部出台的《学校体育运动风险防控暂行办法》明确了学校体育运动各个环节的风险管理责任,也为建立、健全中小学体育运动安全防控制度、规范学校体育运动各环节风险防控提供了基本的依据。

第一节 中小学体育运动安全防控的认知

在中小学校内举行的各项体育运动中,运动安全风险的存在具有其客观性,很难完全避免。一方面,中小学体育运动伤害事件的频发,不仅给当事学生以及家长带来了伤害和痛苦,也使其他学生和家长对参加体育活动有了较重的心理负担;另一方面,重大体育伤害事件不仅影响学校的正常教学工作,给学校带来一定的经济损失,同时也产生了不良的社会影响。为此,教育部提出将在今后一个时期内开展学校体育运动风险防控机制研究的相关工作,建立一套行之有效的中小学体育运动风险防控体系,对于降低体育运动风险发生率,减轻学生和家长对于参加体育运动的后顾之忧,同时使教师能更加放心大胆地开展体育教学活动,进而提高中小学生身体素质具有重要的社会价值。中小学生处于儿童青少年时期,在接受知识教育的同时,还要进行足够的体育运动锻炼,不断提高自身的身体素质,进而促进身心的全面发展。对中小学体育运动的风险进行科学准确的评估,有利于减少中小学生在体育运动中出现意外,从而能更好地保证中小学生的身体安全。

一、中小学体育运动的风险评估

（一）中小学体育运动风险评估的内涵及意义

中小学体育运动风险评估，就是首先对中小学体育运动可能出现的风险进行细致地识别，在这个前提下，用一定的分析手法，对体育运动风险发生的概率进行估计。切实加强中小学体育运动的风险评估，可以直观地看出中小学体育运动风险发生的原因和概率，相关人员可以从风险评估的结果中有的放矢地改进工作，增强风险意识，加强风险管理，最大可能地降低风险发生概率，保证学生安全。

（二）中小学体育运动风险评估的具体内容和结果

针对中小学体育运动的风险评估，要从学生风险、教师风险、运动环境风险以及管理风险四个方面进行。研究证实，学生风险因素是造成体育运动安全隐患的最大原因，教师在学生体育运动过程中起到了十分重要的作用。

1. 学生风险

学生风险因素可以分为课堂注意力集中情况、自我保护能力和自我调节的水平、遵守课堂纪律情况等三个大的方面。其中，课堂注意力集中情况差是造成学生风险的主要原因。一些学生没有认真听体育教师的技术讲解，不懂得技术规范，因而造成安全隐患。

2. 教师风险

教师风险因素分为教学经验风险、技术风险和自我管理风险三个方面。教学经验风险具体表现为课堂纪律松散和课前安全检查不严格，其中，课堂纪律松散占教师风险因素的70%；技术风险具体表现为示范动作不规范和缺乏对学生的保护；自我管理风险包括授课情绪差、缺乏应有的热情和耐心。

3. 环境风险

环境风险由活动场地风险和体育器材风险构成。活动场地风险因素可以概括为"场地小、条件差"，而场地的大小占环境风险影响的75%；体育器材风险可以归结为器材老旧和位置摆放不合理。

4. 管理风险

管理风险主要由学校医务监督、安全教育以及对体育活动安全的重视程度构成。据评估，学校对医务监督不彻底是造成管理风险的主要原因。

二、中小学体育运动伤害事故发生的原因分析

1. 中小学生自我保护意识薄弱

中小学生生理、心理等各方面的发展尚不成熟,因而在体育练习的过程当中,对于体育伤害认识存在着一定的局限性。他们不能够充分认识到准备活动的重要作用,麻痹大意,或者过高估计自己的能力,表现欲过强,这些小细节不注意,往往会造成伤害事故。

2. 学校体育教学场地、器材等设施存在安全隐患

由于资金等原因,许多学校的体育场地、器材条件较差,存在一定的安全隐患,如果在运动过程中使用不当,很容易引发伤害事故。如运动场地不平、器械维护不良或年久失修、器械安装不牢固或放置位置不妥当等,都容易导致伤害事故。

3. 运动前的准备活动不充分

准备活动可以提高心血管系统和呼吸系统的水平,提高肌肉收缩和舒张速度,降低肌肉黏滞性。准备活动还可以提高中枢神经系统的兴奋性,使大脑的反应速度加快,协调参加活动的运动中枢,为正式练习时生理功能迅速达到适宜程度做好准备。在体育课上,若准备活动不充分或不做准备活动,违反了循序渐进的原则和人体循环的规律,肌肉的力量、弹性、伸展性均较差,在进行体育练习的过程中发生损伤的几率将大大增加。

4. 体育技术动作不合格

体育教学过程中的一些技术性动作,对许多学生来说是崭新的内容。刚开始练习时学生神经兴奋和抑制不均衡,分化能力差,需要多次反复练习才能掌握动作要领。其间容易发生各种不规范、不协调甚至错误的动作,没有形成对动作技术的动力定型。因此,初次学习新动作时,因技术动作错误,违反人体结构功能特点和生物力学原理,很容易造成中小学生运动伤害事故。

5. 学生自身的身体素质差

身体素质一般指人体在肌肉活动中所表现出来的力量、速度、耐力、灵敏及柔韧等机能。良好的身体素质是掌握运动技能、提高运动成绩以及进行专业训练的基础。进行体育运动时,身体素质差的人容易疲劳,并且不能完成相对简单的动作,发生运动损伤的几率较高。

6. 学生心理素质和状态不稳定

一些学生缺乏锻炼且心理素质较差,容易胆小、犹豫甚至产生恐慌。如某同学在排球传球过程中看到高球或速度快的球,心里就产生恐惧感,再加上技术动作不熟练、不准确,因而不能有效地保护自己,造成手指挫伤。在体育运动中良好的心理状态是必不可少的。在不良心理状态下,学生的积极性不高、精神不振、注意力分散、反应迟钝、肌肉感受性差、准确性低、动作错误且容易发生事故,造成运动损伤。

7. 其他原因

在体育运动过程中,局部运动量过大、课堂组织不严谨、运动量安排不合理、学生带伤进行练习、服装等穿戴不当等都有可能成为运动损伤高发的原因。

三、中小学体育运动风险的预防措施

参加体育锻炼的目的,是增强体质,促进身心健康发展。在体育教学和运动训练中树立积极的预防意识是防止伤害发生的重要前提。在熟知体育运动损伤的产生原因后,中小学体育教师应以科学、客观的态度来面对,而不是在体育课中采取消极的方法来避免事故的发生。体育教师应有意识地在教学中消除运动损伤产生的诱因,从而有效预防运动损伤的发生。

1. 教师在体育教学过程中应加强对学生的安全教育

在体育教学中,教师应加强预防运动损伤的安全教育,使学生了解运动损伤的成因和危害,在思想上引起足够的重视。将安全意识贯穿整个教学过程,使学生掌握科学预防运动损伤的方法和措施,防患于未然,以最大限度地避免运动损伤的发生。

2. 学校要及时对体育器材、设施进行安全性检查

学校应加大对体育教学的资金投入,不断完善体育教学的场馆改造与扩建,并及时对校内体育场地设施、器材进行定期检查,对已损坏的设施、器材进行维修或更换。具体而言,把单双杠、沙坑、踏跳板列为重点检查项目,同时建立体育设施维护与保养制度,责任到人,定期检查和维修。在上课前教师也要做好对体育场地、器材等设施的安全检查,及时排除安全隐患,提高器材使用的安全系数。

3. 体育教师要不断规范学生的动作技术

动作技术不正确,易造成运动损伤。因此,规范动作技术是预防、减少运动损伤的重要途径之一。教师应高度重视基本动作的教学,让学生勤于练习,给予充分的语言提示,尽量使动作技术规范化,这对于体育课程的学习和损伤的预防是非常重要的。

4. 调节学生心理,消除心理障碍

心理问题是当代社会研究的一大热门问题,也是人自身发展中客观存在的问题,它在任何地点、任何方面都影响着人的思想和行为。在体育教学中学生出现过度紧张、对体育课内容恐惧等情况,严重影响他们对体育技能、技术的掌握,甚至引发运动损伤。因此在课堂上教师应处理好学生的心理问题,多与学生进行交流,循序渐进,由简到繁,帮助学生消除心理障碍,树立自信,尽可能地减少运动损伤。

5. 体育教师要带领学生认真做好准备活动

充分的准备活动是减少或避免运动损伤的前提。准备活动分为一般准备活动和专项

准备活动,它要根据体育运动的特点和本节课的内容合理制定。特别要指出的是,对于运动中要承担大运动负荷的肌肉和关节等部位更要注重准备活动的充分性,如学习篮球传球时,在专项准备活动中要安排指腕关节的运动。科学合理的准备活动可以提高中枢神经系统和肌肉组织的兴奋性,使肌肉的伸展性、柔韧性和弹性增加,从而预防运动损伤的发生。

6. 加强易受伤部位的训练,提高学生身体素质

教师应引导学生有针对性地加强易伤和相对薄弱部位的肌肉力量,并有意识地加强各项运动的专项身体素质,如力量、速度、耐力、柔韧、灵敏和弹跳等。如为了预防腰部损伤,加强腰腹肌的训练,提高腰腹肌的力量。应将一般素质训练和专项素质训练有机结合起来,从而有效发挥学生体能,以达到预防损伤、有效提高体育教学效果的目的。

7. 关注学生的健康档案,掌握学生之间的差异,因材施教

学生的身体素质存在差异,因此教师上课时要善于观察学生的身体状况、面部表情。如学生出现面红耳赤、大口喘气、满头大汗等现象,说明运动负荷过大,应该立即调节,采取减少练习次数、降低练习强度、缩短练习时间和距离等措施;如学生出现面色发白、虚汗满面、走路摇晃等现象,说明学生体力不支,应立即让其休息。同时学生自身也应该注意自己的身体状况,感觉不良时应主动与教师进行交流,控制自己的运动量。教师还应根据不同学生的性格特点采用不同的语言方式进行指导,尽量使学生处于运动的最佳状态,减少或避免运动损伤的发生。

此外,在体育教学中教师应合理安排教学量和运动负荷,及时检查学生在体育课上的着装等,以消除安全隐患。还应教育学生加强自我保护意识,发挥学生的主体积极性,避免运动损伤的发生。

第二节 中小学体育运动安全的保障机制

学校作为中小学生安全运动的直接责任人,在根据教育主管部门对学校开展中小学生体育活动的安全要求下,应提供符合国家标准的场地、器材等体育活动的设施,确保学生可以在学校运动场地使用器械安全地进行体育运动。在此基础上,学校应根据已发生安全事故的经验,预测可能发生的事故,通过教育和培训,提升师生的安全意识,掌握和规范处理安全事故的技能。学校还应根据自身实际情况,制定中小学生参与体育运动的安全保障预防和应急工作制度,建立学校运动安全事故的预防和应急预案和处置流程,这样才能正确组织学生参与体育运动,预防和减少伤害事故的发生。现状调查结果显示:部分中小学在体育安全宣传教育方面,缺少对教师规范的体育安全培训和对学生常态化的体育安全宣传教育活动;在安全常规管理方面,缺少规范的器材设备管理制度和检查目

录,存在"多头管理"和职责不清等问题;在安全应急救护方面,缺少完善的应急预案体系,应急救护演练缺失,应急救护技能掌握不够熟练;在安全制度建设方面,管理制度建设不够完善,缺少针对性的保险赔偿和纠纷调解制度;在安全资源保障方面存在经费投入不足、医护监督不力、安全信息资源建设不完善等问题。结合事故致因及风险管理理论,中小学应从以下几个方面开展安全保障工作。

一、中小学体育运动安全宣传教育

体育课中经常会发生扭伤、挫伤、拉伤、碰伤等运动损伤,偶尔也会发生一些重大安全事故,轻者影响学习,重者可能造成残疾,甚至危及生命,给学校、学生、家庭带来巨大损失。所以,在中小学体育教学中有目的、有计划地进行体育运动安全教育,对提高儿童青少年在体育运动中的自我保护能力,尽可能地避免运动损伤事件的发生,都有着非常积极的意义。

1. 学生安全教育与管理

学校可利用学校的体育课、各种类型的课外体育活动进行安全预防的宣传教育,使学生养成安全参与体育活动的基本判断能力和行为习惯。同时,制定学生安全参与体育运动的行为准则,规范场地器材的使用,培养学生遵守组织安排以及规则的意识等。

2. 家长安全教育与管理

学校可利用家长会、体育运动安全专题讲座、家委会等各种形式的活动,宣传安全参与体育运动的具体方法和要求,便于家长支持学生参与体育运动,同时也有利于听取家长对学校开展体育运动的建议,提高安全参与体育运动的意识。

3. 其他人员安全教育与管理

其他人员包括场地器材的保障人员、学校的医务人员等。对他们进行安全体育运动的教育与管理,有利于提高他们的责任意识,使其遵守岗位制度,更好地协助学校开展安全的体育运动。

二、中小学体育运动安全常规管理

2016年5月,国务院办公厅发布的《关于强化学校体育 促进学生身心健康全面发展的意见》要求教育行政部门把中小学运动安全防控作为教育管理与督导的重要内容,纳入工作计划,制订适合本地区的中小学运动安全防控指导意见或工作方案,明确具体内容和基本要求,指导并督促学校建立完善中小学运动安全防控机制,落实防控责任和措施。教育督导机构应当对学校体育运动风险防控进行督导检查,检查结果将作为对学校进行考核和问责的重要依据。教育行政部门的主要职责是出台相关的指导意见和实施办法,指导并督促学校安全开展体育运动。

因此,学校必须将体育运动的安全管理作为常规工作,健全校长责任制,力求落实各种关于学校体育运动安全的政策法规,及时发现问题,提出整改意见;对学校开展的体育运动组织管理流程进行甄别,检查开展活动的规章制度是否完善,确认其中是否存在安全隐患,使其符合学校整体的校园安全的要求。学校应设立学生体育运动安全预防与处理的管理组织,健全中小学生参与体育运动的安全管理责任制,明晰在防控工作中的分工与责任。结合基层中小学开展体育运动预防与处理的实际操作经验,该组织可由以下几个方面的人员组成。

第一,由校长担任学生体育运动安全预防与处理工作组的组长,负责学生运动安全的法规宣讲与落实,制定符合学校实际情况的安全运动规章制度,成立学校的运动安全保障工作组并进行指导和监督,确保经费的落实。

第二,学校分管安全的副校长及教师担任体育运动安全预防与处理工作组的执行人,具体负责上联组长,下联班主任、带班教师,进行日常学生体育运动安全的工作布置和宣传,监督安全运动规章制度的执行,具体处理体育运动中产生的安全事故救治和善后事宜。

第三,班主任、带班教师、体育教师作为体育运动安全预防与处理工作组的成员,具体实施学生体育运动安全防控工作。

第四,校医务室医生作为体育运动安全预防与处理工作组的成员,是日常体育运动安全的宣传教育者,以及发生安全事故时的救助者,负责及时协助班主任、带班教师、体育教师进行医疗处理和医院送治工作。

第五,学校总务成员(场地器械后勤保障人员),为学生参与体育运动提供符合国家标准的场地器材,做好后勤保障工作。

第六,家委会代表的参与,有利于获得家长对学生参与体育活动的支持,协助学校进行安全体育运动的宣传,确保体育安全事件处理过程的公平、公正、公开;此外,这加强了于家校间的沟通,有利于安全意外事件的妥善处理。

三、中小学体育运动安全制度建设

学校应制定中小学体育运动安全预防制度,使预防工作做到有章可循,力争做到防患于未然。

1. 科学构建运行机制

如果一个体系缺乏运行机制,或者机制缺乏活力,那么体系的实施就会流于形式。为有效实施安全保障体系,中小学校需要构建相应的运行机制。首先,要明确安全保障体系的目标,即以针对体育安全事故而制定的预防目标为主。其次,完善安全保障体系的运作,以体育运动事故的安全预防与应急处理为核心。最后,综合评价体育安全保障体系的实施效果,尽早消除体育教学活动中的潜在安全隐患。学校应对体育安全保障体系的各个环节(包括策划、运行、审核与评价)进行循环管理。

2. 严格落实管理制度

仅有制度文本还无法达到保障安全的目的,只有严格执行与认真落实,将制度作为奉行标准,才能使其充分发挥作用。为有效落实安全保障制度,相关主管领导和教师应给予充分重视,建立安全责任制,将制度中的人为隐患消除,使广大教师与学生能够自觉遵守和维护安全保障制度。另外,要通过多种途径实施安全保障措施,以专业教师、班主任、保卫人员等为对象,动员各方力量,有机结合社会、家庭和学校,调动社会与学生家庭力量积极参与,达到有效实施安全保障体系的目的。比如,学校在排查体育场地隐患、安全事故因素时,应虚心接受学生家长与社会力量的监督,主动和家长沟通,听取各方建议,完善体育安全工作。

学校的安全预防制度应该重在落实。

第一,安全预防工作责任到人。安全预防工作的实施过程中应明确具体执行部门或个人,安全责任须落实到各级岗位人员的身上。

第二,制定实施安全预防的规程,其中应包含安全预防制度的具体措施,以及遵守与违反安全预防制度的奖惩举措。

第三,对师生进行制度化安全教育,确定巡查制度,既包括教师在教学、体育运动中督导,又包括学生相互间的提醒与监督。

第四,鼓励家委会成员参与,向家长宣传运动安全知识,使其配合学校共同开展安全的体育运动。

3. 加大经费投入力度

中小学校实施体育安全保障工作的一个重要基础就是经费投入,学校体育教学的安全性在很大程度上取决于经费保障情况。在经费充足的情况下,学校可以尽快建设各种场地器材,购买安全书籍与标准体育器材,为学生提供学习和锻炼的机会,顺利运行体育安全保障体系。学校领导应及时更新观念,在体育安全方面投入更多的经费,完善体育安全工作。

四、中小学体育运动安全资源保障

1. 强化师资的培训力度

学校应努力提高教师预防与处理意外事件能力,减少体育运动中意外事件的发生,以及规范处理体育运动中的意外事件。

第一,定期开展由相关人员参加的,以体育运动为主题的安全教育会议,时刻关注学校体育安全工作的新进展,确保相关教师在思想上对学生参与体育运动有切实的理解与认识。树立学生参与体育运动的安全意识,对日常的学生体育运动安全工作常抓不懈。

第二,组织教师和相关人员参加专题培训。对教师进行以如何组织体育运动为主题的培训,提高教师对体育运动的组织管理能力;组织教师进行以运动安全事故的现场急救方法与技能为主题的培训,提高教师临场处置这些事故的救护知识与技能。对场地器材的保障人员进行保养制度与技能的教育和培训,提高他们日常养护场地、维修器材的水平,确保场地、器材的安全使用。对学校的医务人员进行运动损伤、心肺功能监控等方面的教育和培训,提高他们的应变能力,更好地保障学生安全参与体育运动。

2. 提供安全的体育运动场馆、器械

根据《学校体育工作条例》规定,学校的上级主管部门和学校应当提供符合安全标准的体育运动场馆与设施。首先,在提供学生进行体育运动前,学校场馆、器材管理人员或组织者要检查确认场馆、器材是否符合国家规定的安全标准;其次,提供的场馆、器材要符合使用对象的生理、心理特征,尤其当学生是未成年人时,使用的场馆、器材要照顾到使用者的特殊性;再次,学校在开展体育运动之前,应对存在安全隐患的场地、器材进行及时的维修或更换,对不能及时维修或更换的场地、器械进行警示并停止使用。

3. 提供必要的经费保障

教育行政部门作为政府对教育事业进行组织领导和管理的机构或部门,是学校体育运动的直接领导者,应为学校提供必要的经费,确保学校在检查、维修体育运动场馆与设施,及时排除安全隐患等方面,没有经费方面的顾虑。

第三节 中小学体育运动安全管理的处理机制

由于体育运动本身就存在产生伤害事故的可能性,所以学校应根据实际情况,制定本校的体育运动安全事故处理制度,明晰一旦发生运动伤害事故,须按流程进行处理;要求各责任部门协同参与事故的处理过程,努力将伤害事件对学生的伤害降至最小,这也有助于各方有效处理伤害事件的后续问题。

一、中小学体育运动安全事故的现场处置原则

体育运动伤害事故的发生,会对学生身体、心理、乃至经济等方面产生影响,本着"以

学生为本"和"健康第一"的理念,学校有义务将体育运动安全事故对学生的生理、心理的影响控制在最小范围内。2002年教育部颁布了《学生伤害事故处理办法》,其中专门对校园伤害事故的处理程序作了规定,由于学校伤害事故的归责原则是过错责任原则,只要学校处理不当,就要承担一定的过错责任。因此,教师掌握紧急处理学生体育运动安全事故救护技能,熟悉现场规范处置流程尤为重要。

(一)救护与取证

1. 救护

在体育运动过程中如果发生伤害事件,临场教师应运用自己的专业技能,对受伤学生进行安慰和观察,做出专业的判断,第一时间进行救助;同时立刻联系校医进行医学判断,并视学生受伤情况进行校内处理或送医处理,防止学生受到二次伤害。

2. 取证

发生伤害事件后,临场教师应及时保护好现场,同时请现场的人员(学生或其他人员)提供佐证,做好证据收集,以便在后续处理过程中提供证人签名的书面材料。如果条件允许,保留事故发生时的视频监控,以便在后续的处理过程中,为公正、公平地处理提供事实证据。

(二)汇报与安抚

1. 汇报

发生体育运动安全事故后,临场教师应立刻告知校医及安全事故处理小组的负责人。如果情况比较严重,应立刻告知学校分管校长甚至校长,同时联系该学生的监护人,告知伤害事件。

2. 安抚

如果学生在体育运动中受伤比较严重,在现场处置后,学校必须第一时间指派专人与监护人联系沟通。必要时,学校体育运动安全预防与处理工作组组长应亲自负责处理该事件,安抚监护人的心情,防止家长产生误解或形成矛盾,为日后妥善处理事件营造互为理解、体谅的协商基础。

二、中小学体育运动安全事故的后续解决途径

国务院办公厅发布的《关于强化学校体育 促进学生身心健康全面发展的意见》中指出:一是要完善校方责任险,探索建立涵盖体育意外伤害的学生综合保险机制;二是鼓励各地政府试点推行学生体育安全事故第三方调解办法。教育部颁布的《学生伤害事故处

理办法》第十八条规定:"发生学生伤害事故,学生与受伤害学生或者学生家长可以通过协商方式解决;双方自愿,可以书面请求主管教育行政部门进行调解。成年学生或者成年学生的监护人也可以依法直接提起诉讼。"当事人可以直接采用协商、调解和诉讼中的任何一种处理方法,在实际操作过程中,还可以申请仲裁。

判断学校是否存在过错有几点依据:学校组织的体育运动中是否存在安全措施不当导致学生受伤的因素;提供的场地、器械是否符合国家标准;是否及时采取有效的措施防止事故伤害的加重。双方均无责任时,学校可根据受害学生的实际情况,给予人道主义的经济补偿。

(一)协商、调解、诉讼

1. 协商

协商是当事人为解决事故而进行的直接交涉。通过双方澄清事实、分清责任、确定损失,寻求双方都可接受的解决方法。在体育运动伤害事故处理过程中,学校可咨询专业的法律人士,并征求教育行政机关主管部门的意见,根据我国现有的法律规定,依据当事人在事故中的责任过错和受害学生损失情况进行判定,同时要落实书面的协商文件。

2. 调解

体育运动中的伤害事故必须依照法律、法规、规章和政策进行调解。当事双方均不得给对方任何压力,调解由教育行政部门执行,双方就事故处理达成一致意见的,应当在调解人员的见证下签订调解协议,结束调解;在调解期限内,双方不能达成一致意见,或者调解过程中一方提起诉讼,人民法院已经受理的,应当终止调解。调解结束或者终止,教育行政部门应当书面通知当事人。对经调解达成的协议,一方当事人不履行或者反悔的,双方可以依法提起诉讼。

3. 诉讼

当体育运动伤害事故的当事人通过协商、调解仍不能达成一致意见时,当事人可以向侵权行为所在地或被告所在地的基层法院提出诉讼。当进入诉讼阶段,无论是民事诉讼、行政诉讼还是刑事诉讼,学校都应聘请专业的律师代理诉讼,同时配合律师做好举证工作,避免因举证不当而造成败诉。

(二)仲裁

除了协商、调解和诉讼等方法外,当事人还可以利用仲裁手段处理中小学体育运动安全事故。通过当事双方自愿和认可交第三方(校园伤害事故纠纷仲裁委员会)进行仲裁,仲裁的结果具有法律效力。

三、中小学体育运动安全事故的理赔与其他

（一）理赔

体育运动伤害事故的当事双方经过协商、调解、诉讼或仲裁等程序后，即可开展理赔工作。学校应第一时间协助受伤害的学生向保险公司进行索赔；如果学校购买了责任险，那么在法院判定学校承担责任并需要赔付时，学校可以向保险公司索赔。2016年3月1日起，上海在全国率先试点"学校体育运动伤害专项保障基金"，基金实行免责保障，以意外运动伤害事故的发生为依据，不涉及对学校及学生的责任认定，学生凡是参加学校组织的体育运动发生伤害事故，都将获得赔付。目前上海市中小学统一购买的保险有：由市教委统一购买的校方责任险，每人5元/年；由学校购买的校园意外伤害险，每人4元/年；由学校购买的校园体育运动伤害专项保障基金，每人2元/年。

（二）追偿

根据体育运动伤害事故的处理结果，学校可以对在体育运动伤害事故中负有责任的教师、学生（监护人）、场地器材供应商等相关人员，按事件中的责任大小进行追偿。

（三）其他

学校的体育运动安全预防与处理工作组，应该及时对体育运动伤害事件进行分析总结，做到举一反三，引以为鉴。同时对事件的所有资料进行妥善保存，以防当事双方后续对处置结果存疑或反悔。

第四节 中小学体育运动安全的责任认定机制

2015年4月，教育部印发《学校体育运动风险防控暂行办法》明确界定，"学校体育运动"涉及了教育行政部门（政府）、学校、学生三个主体。该办法明确了教育行政部门、学校、教师的管理职责，从确保学生安全参与体育运动、维护学生健康的角度，责任主体必须对责任认定有基本认识，对各自承担的责任保持清晰的认识，未雨绸缪，防患于未然，从而不断提高体育运动组织工作的安全意识、管理水平，健全安全制度，提高管理工作的质量，消除或减少因失责或过错引起的不必要的体育运动伤害。

一、中小学体育运动安全责任认定的参与主体

中小学体育运动安全事故的责任认定,虽然有家校调解组织对学校与家长(监护者)进行伤害事故的协商调解,确认责任认定,但依据相关法律条文、政策以及具体的情形,责任认定最终以司法裁定为准。

根据校园伤害事故法律责任的学校责任、未成年人及其监护人的责任和第三人责任的思路,中小学生在校园发生运动伤害事故时,学校应当启动正确的处理预案。正确处理事故的前提是准确判断学校对事故的发生有无责任及责任大小。

二、学校有可能承担主要责任的常见类别

学校及其教职工由于违反教育法律法规,未尽到法律规定的教育、管理和保护职责,使得学生在参与运动过程中受到伤害,那么,学校需要承担主要责任。

(一)组织管理存在缺失造成的后果

(1)因学校在体育运动比赛、集体活动中事先未做好预案、未制定应急预案,组织不当造成运动员、观赛学生、教师等人员身体伤害。例如,学校组织篮球比赛,但是没有做好比赛的预案,造成观摩学生的拥挤,并且使得某同学观看球赛时,被挤倒在地而手臂骨折。

(2)发生伤害事故后未能及时处理,从而延误治疗或造成二次伤害。例如,某同学在体育课中摔倒,教师未能及时给予关注,使得他放学后回家,家长发现才送医院,导致手臂的伤情加重,延误最佳治疗时间。

(3)学生参与体育运动期间,因教师疏于管理而受到身体伤害。例如,某学校在组织学生进行年级篮球比赛过程中,放手让学生自行组织比赛,比赛现场没有教师参与指导,结果一名学生在拉比赛横幅时摔倒导致手臂骨折。

(二)场地器械存在隐患造成的后果

(1)学生在校开展体育运动时,因使用有质量问题的体育器材、设施造成损伤。例如,某中学横箱年代较久,横格间有松动,教师未能及时发现,某同学在练习横箱分腿腾越动作时箱体倾倒,导致该生手臂划破,缝了三针。

(2)学校各运动区域、器械安置不合理,造成学生运动损伤。例如,某同学在学校的单杠上进行"一脚蹬地翻身上"的技术动作时,下地不稳,头撞到墙壁,缝了四针,鉴定结果

是单杠安装得离墙壁太近,缺少安全所需的必要距离和防护设施。

(3) 学校或教师提供学生使用的场地、器材不当而造成学生在运动中受伤害。例如,某中学体育教师安排学生在篮球场上进行五对五足球比赛,结果一名学生撞到篮球架的立柱造成锁骨骨折。

(三) 教学过程不科学造成的后果

(1) 教师备课不充分,导致学生在不具备运动条件、环境的场地参加体育运动造成运动损伤。例如,刚下过雨后的体育课上,体育教师安排学生进行50米跑测试,由于跑道湿滑,某同学摔了一跤,造成上臂骨折。

(2) 教学中使用的教材有明显、重大不切合之处,不适合学生学练,以及教学组织中的练习距离、频率、强度、密度不科学,练习组织方法不当等造成学生在运动中受伤。例如,某校开学之初,体育教师安排预备年级学生进行800米的耐力跑,由于缺少锻炼,某同学哮喘复发,出现呼吸困难、心律不齐等症状,虽及时送医,但家长对此教学安排提出不满。

(3) 教学中教师未实施有效的保护与帮助而造成学生运动伤害。例如,某体育教师在组织学生进行横向分腿腾越练习时,有一组学生没有安排保护,导致某同学摔倒,手臂骨折。

(4) 教师对学生存在明显体罚行为并造成学生身体伤害。例如,教师李某怀疑某同学在耐力跑中有消极偷懒的行为,在1 000米跑结束后,罚该同学做20个立卧撑,造成他大腿肌肉撕裂。

(5) 教师在教学组织过程中的语言、肢体动作对学生的身体或精神造成侵犯伤害。例如,某同学比较调皮,教师王某为了制止该同学在体育课上的恶作剧,撕拉他的耳朵,造成耳朵根部撕裂。

(四) 疏忽学生的健康情况造成的后果

(1) 学校没有对学生的健康情况进行了解排摸、登记备案,造成学生运动损伤。学校在开学之初,需要了解学生的健康情况,发现有特殊状况的学生,应及时做好个性化的预案。

(2) 教师知晓但未考虑到有疾病等特殊情况对学生进行区别教学,而使该类学生参与正常教学造成运动安全事故。针对有特殊健康问题的学生,学校、教师一定要做好个性化的、具有针对性的教学安排。

三、 学生有可能承担主要责任的常见类别

学校不能单方面认定学生的责任,监护人可以代表学生与学校协商、交涉,或通过法

律手段确定学生的责任。

（一）学生未遵守运动组织管理造成的后果

（1）学生在运动期间不听教师的劝诫，未遵守运动相关的组织纪律而造成运动伤害。学生在运动中有意（故意）暴力侵犯、侵害其他学生、教师等，实施侵害的学生应负主要责任。例如，校园足球比赛中，两队学生发生冲突，虽教师、同学极力劝阻，但在此期间，学生李某依旧猛踹了学生张某，导致张某膝关节韧带撕裂。

（2）学生未按教师要求使用体育设施、器材而造成自身或他人伤害。例如，某同学在课间休息期间，不顾器材使用规范，站在双杠上试图显示自己的胆量，结果不慎跌落，磕掉一颗牙齿，唇部缝了三针。

（3）学生未遵守教师提出的练习活动的组织要求，不当使用场地器械而造成的伤害，学生应负主要责任。例如，某同学在教师回答个别学生问题、大家等待练习时，突发奇想，试图将绳子在头顶平甩，不慎将绳子甩在旁边同学的眼睛上，造成其视网膜脱落。

（二）与体育设施质量无关而造成的后果

（1）学生在课余时间自行进行体育活动且体育设施质量过关而意外（无意）造成其他学生伤害事故的，学生应负主要责任。例如，课间休息中，学生曲某与沈某在篮球场上进行一对一的比赛，曲某为阻止沈某上篮成功，拉拽沈某衣服，导致他失去重心滑倒在地，造成手臂骨折。事后经了解，事实非曲某狡辩，是由于场地光滑所致，经过核实，曲某仍负有主要责任。

（2）在体育设施无质量问题的前提下，学生在活动中造成自身伤害的，学生应负主要责任。例如，初三学生盛某在塑胶跑道上练习 50 米快速跑，跑步过程中不慎两脚自行阻绊而摔跤，并造成手臂轻微骨折。事后调取监控，事件的发生并不是如学生自行描述的因学校跑道湿滑所致，而是学生盛某自行摔倒，故应承担主要责任。

（三）学生自身原因造成的后果

（1）学生因自身运动能力不足而在运动中受到伤害的，该生应负主要责任。如正常的跑步中，学生因加速拉伤肌肉，或因加速但腿部力量不足而导致动作变形、身体失衡，造成意外伤害。

（2）因学生（监护人）故意隐瞒自身疾病而导致的运动伤害，学生应负主要责任。例如预备年级某同学，在学校征询学生健康情况时，其父母为了让他能在体育中考取得好成绩，故意让其隐瞒自己患有严重哮喘，造成该同学在跑步中出现昏迷，所幸因及时处理，而没有造成严重后果。

四、第三方有可能承担主要责任的常见类别

具有资质的第三方承办的一些体育活动中,学生在运动过程中受伤,伤害事件不是学校和受害方的过错,而是由第三方的过错造成的,则第三方需要承担相应的责任。组织学生外出比赛,场地、器材、交通等由组织方提供,学生在使用过程中发生伤害事故,则由组织方承担责任。例如,某区组织篮球比赛,学生程某在参赛过程中滑倒,顺势带倒学生周某,使得周某摔倒骨折,组委会通过统一购买的保险,给予赔付。

未成年人在参与体育活动中对他人造成的非故意、无法预测的伤害事故,由其监护人承担责任。例如,预备年级的学生张某在和同学组队进行羽毛球双打比赛时,不小心羽毛球拍砸到同伴孙某的额头,使其缝了2针。双方协商过后认为这不是故意伤害行为,纯属无法预见的意外事故。两位同学不承担责任,但张某的父亲作为监护人,主动提出赔付孙某相关的费用,孙某的家长也只象征性地收取了一部分医药费,并婉拒了其他赔偿。

附录一

《学生伤害事故处理办法》

（2002年6月25日　教育部令第12号）

第一章　总则

第一条　为积极预防、妥善处理在校学生伤害事故，保护学生、学校的合法权益，根据《中华人民共和国教育法》、《中华人民共和国未成年人保护法》和其他相关法律、行政法规及有关规定，制定本办法。

第二条　在学校实施的教育教学活动或者学校组织的校外活动中，以及在学校负有管理责任的校舍、场地、其他教育教学设施、生活设施内发生的，造成在校学生人身损害后果的事故的处理，适用本办法。

第三条　学生伤害事故应当遵循依法、客观公正、合理适当的原则，及时、妥善地处理。

第四条　学校的举办者应当提供符合安全标准的校舍、场地、其他教育教学设施和生活设施。

教育行政部门应当加强学校安全工作，指导学校落实预防学生伤害事故的措施，指导、协助学校妥善处理学生伤害事故，维护学校正常的教育教学秩序。

第五条　学校应当对在校学生进行必要的安全教育和自护自救教育；应当按照规定，建立健全安全制度，采取相应的管理措施，预防和消除教育教学环境中存在的安全隐患；当发生伤害事故时，应当及时采取措施救助受伤害学生。

学校对学生进行安全教育、管理和保护，应当针对学生年龄、认知能力和法律行为能力的不同，采用相应的内容和预防措施。

第六条　学生应当遵守学校的规章制度和纪律；在不同的受教育阶段，应当根据自身的年龄、认知能力和法律行为能力，避免和消除相应的危险。

第七条　未成年学生的父母或者其他监护人（以下称为监护人）应当依法履行监护职责，配合学校对学生进行安全教育、管理和保护工作。

学校对未成年学生不承担监护职责，但法律有规定的或者学校依法接受委托承担相应监护职责的情形除外。

第二章　事故与责任

第八条　学生伤害事故的责任，应当根据相关当事人的行为与损害后果之间的因果关系依法确定。

因学校、学生或者其他相关当事人的过错造成的学生伤害事故,相关当事人应当根据其行为过错程度的比例及其与损害后果之间的因果关系承担相应的责任。当事人的行为是损害后果发生的主要原因,应当承担主要责任;当事人的行为是损害后果发生的非主要原因,承担相应的责任。

第九条 因下列情形之一造成的学生伤害事故,学校应当依法承担相应的责任:

(一)学校的校舍、场地、其他公共设施,以及学校提供给学生使用的学具、教育教学和生活设施、设备不符合国家规定的标准,或者有明显不安全因素的;

(二)学校的安全保卫、消防、设施设备管理等安全管理制度有明显疏漏,或者管理混乱,存在重大安全隐患,而未及时采取措施的;

(三)学校向学生提供的药品、食品、饮用水等不符合国家或者行业的有关标准、要求的;

(四)学校组织学生参加教育教学活动或者校外活动,未对学生进行相应的安全教育,并未在可预见的范围内采取必要的安全措施的;

(五)学校知道教师或者其他工作人员患有不适宜担任教育教学工作的疾病,但未采取必要措施的;

(六)学校违反有关规定,组织或者安排未成年学生从事不宜未成年人参加的劳动、体育运动或者其他活动的;

(七)学生有特异体质或者特定疾病,不宜参加某种教育教学活动,学校知道或者应当知道,但未予以必要的注意的;

(八)学生在校期间突发疾病或者受到伤害,学校发现,但未根据实际情况及时采取相应措施,导致不良后果加重的;

(九)学校教师或者其他工作人员体罚或者变相体罚学生,或者在履行职责过程中违反工作要求、操作规程、职业道德或者其他有关规定的;

(十)学校教师或者其他工作人员在负有组织、管理未成年学生的职责期间,发现学生行为具有危险性,但未进行必要的管理、告诫或者制止的;

(十一)对未成年学生擅自离校等与学生人身安全直接相关的信息,学校发现或者知道,但未及时告知未成年学生的监护人,导致未成年学生因脱离监护人的保护而发生伤害的;

(十二)学校有未依法履行职责的其他情形的。

第十条 学生或者未成年学生监护人由于过错,有下列情形之一,造成学生伤害事故,应当依法承担相应的责任:

(一)学生违反法律法规的规定,违反社会公共行为准则、学校的规章制度或者纪律,实施按其年龄和认知能力应当知道具有危险或者可能危及他人的行为的;

（二）学生行为具有危险性，学校、教师已经告诫、纠正，但学生不听劝阻、拒不改正的；

（三）学生或者其监护人知道学生有特异体质，或者患有特定疾病，但未告知学校的；

（四）未成年学生的身体状况、行为、情绪等有异常情况，监护人知道或者已被学校告知，但未履行相应监护职责的；

（五）学生或者未成年学生监护人有其他过错的。

第十一条 学校安排学生参加活动，因提供场地、设备、交通工具、食品及其他消费与服务的经营者，或者学校以外的活动组织者的过错造成的学生伤害事故，有过错的当事人应当依法承担相应的责任。

第十二条 因下列情形之一造成的学生伤害事故，学校已履行了相应职责，行为并无不当的，无法律责任：

（一）地震、雷击、台风、洪水等不可抗的自然因素造成的；

（二）来自学校外部的突发性、偶发性侵害造成的；

（三）学生有特异体质、特定疾病或者异常心理状态，学校不知道或者难于知道的；

（四）学生自杀、自伤的；

（五）在对抗性或者具有风险性的体育竞赛活动中发生意外伤害的；

（六）其他意外因素造成的。

第十三条 下列情形下发生的造成学生人身损害后果的事故，学校行为并无不当的，不承担事故责任；事故责任应当按有关法律法规或者其他有关规定认定：

（一）在学生自行上学、放学、返校、离校途中发生的；

（二）在学生自行外出或者擅自离校期间发生的；

（三）在放学后、节假日或者假期等学校工作时间以外，学生自行滞留学校或者自行到校发生的；

（四）其他在学校管理职责范围外发生的。

第十四条 因学校教师或者其他工作人员与其职务无关的个人行为，或者因学生、教师及其他个人故意实施的违法犯罪行为，造成学生人身损害的，由致害人依法承担相应的责任。

第三章 事故处理程序

第十五条 发生学生伤害事故，学校应当及时救助受伤害学生，并应当及时告知未成年学生的监护人；有条件的，应当采取紧急救援等方式救助。

第十六条 发生学生伤害事故，情形严重的，学校应当及时向主管教育行政部门及有关部门报告；属于重大伤亡事故的，教育行政部门应当按照有关规定及时向同级人民政府和上一级教育行政部门报告。

第十七条　学校的主管教育行政部门应学校要求或者认为必要,可以指导、协助学校进行事故的处理工作,尽快恢复学校正常的教育教学秩序。

第十八条　发生学生伤害事故,学校与受伤害学生或者学生家长可以通过协商方式解决;双方自愿,可以书面请求主管教育行政部门进行调解。成年学生或者未成年学生的监护人也可以依法直接提起诉讼。

第十九条　教育行政部门收到调解申请,认为必要的,可以指定专门人员进行调解,并应当在受理申请之日起60日内完成调解。

第二十条　经教育行政部门调解,双方就事故处理达成一致意见的,应当在调解人员的见证下签订调解协议,结束调解;在调解期限内,双方不能达成一致意见,或者调解过程中一方提起诉讼,人民法院已经受理的,应当终止调解。调解结束或者终止,教育行政部门应当书面通知当事人。

第二十一条　对经调解达成的协议,一方当事人不履行或者反悔的,双方可以依法提起诉讼。

第二十二条　事故处理结束,学校应当将事故处理结果书面报告主管的教育行政部门;重大伤亡事故的处理结果,学校主管的教育行政部门应当向同级人民政府和上一级教育行政部门报告。

第四章　事故损害的赔偿

第二十三条　对发生学生伤害事故负有责任的组织或者个人,应当按照法律法规的有关规定,承担相应的损害赔偿责任。

第二十四条　学生伤害事故赔偿的范围与标准,按照有关行政法规、地方性法规或者最高人民法院司法解释中的有关规定确定。

教育行政部门进行调解时,认为学校有责任的,可以依照有关法律法规及国家有关规定,提出相应的调解方案。

第二十五条　对受伤害学生的伤残程度存在争议的,可以委托当地具有相应鉴定资格的医院或者有关机构,依据国家规定的人体伤残标准进行鉴定。

第二十六条　学校对学生伤害事故负有责任的,根据责任大小,适当予以经济赔偿,但不承担解决户口、住房、就业等与救助受伤害学生、赔偿相应经济损失无直接关系的其他事项。

学校无责任的,如果有条件,可以根据实际情况,本着自愿和可能的原则,对受伤害学生给予适当的帮助。

第二十七条　因学校教师或者其他工作人员在履行职务中的故意或者重大过失造成的学生伤害事故,学校予以赔偿后,可以向有关责任人员追偿。

第二十八条　未成年学生对学生伤害事故负有责任的,由其监护人依法承担相应的赔偿责任。

学生的行为侵害学校教师及其他工作人员以及其他组织、个人的合法权益,造成损失的,成年学生或者未成年学生的监护人应当依法予以赔偿。

第二十九条　根据双方达成的协议、经调解形成的协议或者人民法院的生效判决,应当由学校负担的赔偿金,学校应当负责筹措;学校无力完全筹措的,由学校的主管部门或者举办者协助筹措。

第三十条　县级以上人民政府教育行政部门或者学校举办者有条件的,可以通过设立学生伤害赔偿准备金等多种形式,依法筹措伤害赔偿金。

第三十一条　学校有条件的,应当依据保险法的有关规定,参加学校责任保险。

教育行政部门可以根据实际情况,鼓励中小学参加学校责任保险。

提倡学生自愿参加意外伤害保险。在尊重学生意愿的前提下,学校可以为学生参加意外伤害保险创造便利条件,但不得从中收取任何费用。

第五章　事故责任者的处理

第三十二条　发生学生伤害事故,学校负有责任且情节严重的,教育行政部门应当根据有关规定,对学校的直接负责的主管人员和其他直接责任人员,分别给予相应的行政处分;有关责任人的行为触犯刑律的,应当移送司法机关依法追究刑事责任。

第三十三条　学校管理混乱,存在重大安全隐患的,主管的教育行政部门或者其他有关部门应当责令其限期整顿;对情节严重或者拒不改正的,应当依据法律法规的有关规定,给予相应的行政处罚。

第三十四条　教育行政部门未履行相应职责,对学生伤害事故的发生负有责任的,由有关部门对直接负责的主管人员和其他直接责任人员分别给予相应的行政处分;有关责任人的行为触犯刑律的,应当移送司法机关依法追究刑事责任。

第三十五条　违反学校纪律,对造成学生伤害事故负有责任的学生,学校可以给予相应的处分;触犯刑律的,由司法机关依法追究刑事责任。

第三十六条　受伤害学生的监护人、亲属或者其他有关人员,在事故处理过程中无理取闹,扰乱学校正常教育教学秩序,或者侵犯学校、学校教师或者其他工作人员的合法权益的,学校应当报告公安机关依法处理;造成损失的,可以依法要求赔偿。

第六章　附则

第三十七条　本办法所称学校,是指国家或者社会力量举办的全日制的中小学(含特殊教育学校)、各类中等职业学校、高等学校。本办法所称学生是指在上述学校中全日制就读的受教育者。

第三十八条　幼儿园发生的幼儿伤害事故,应当根据幼儿为完全无行为能力人的特点,参照本办法处理。

第三十九条　其他教育机构发生的学生伤害事故,参照本办法处理。

在学校注册的其他受教育者在学校管理范围内发生的伤害事故,参照本办法处理。

第四十条　本办法自 2002 年 9 月 1 日起实施,原国家教委、教育部颁布的与学生人身安全事故处理有关的规定,与本办法不符的,以本办法为准。

在本办法实施之前已处理完毕的学生伤害事故不再重新处理。

附录二
《上海市中小学校学生伤害事故处理条例》

(根据 2011 年 11 月 17 日上海市第十三届人民代表大会常务委员会第三十次会议《关于修改〈上海市中小学校学生伤害事故处理条例〉的决定》修正)

第一条 为了妥善处理中小学校学生伤害事故,保障中小学生和学校的合法权益,维护正常的教育教学秩序,根据国家有关法律、行政法规的规定,结合本市实际情况,制定本条例。

第二条 在本市行政区域内的中小学校(以下简称学校)教育教学活动期间发生的中小学生人身伤害或者死亡事故(以下简称学生伤害事故)的处理,适用本条例。

第三条 学生伤害事故的处理应当及时、公正、合法,做到事实清楚、责任明确、处理得当。

第四条 学校的举办者应当保障学校必要设施、设备的资金投入和人员的配备。

各级教育行政部门应当加强对学校的管理,制定学校对学生安全保护的有关规定,指导和监督学校落实预防学生伤害事故的有关措施,指导和协调学生伤害事故的处理。

第五条 学校在进行教育教学活动的同时,负有对学生进行安全教育、管理和保护的职责。

学校应当根据国家和本市的有关规定,采取措施,预防和消除可能造成学生人身伤害的危险;按照学生不同年龄的生理、心理以及教育特点,建立健全各项管理和保护学生的规章制度。

学校应当确保教育教学和生活的设施、设备符合国家和本市的安全标准。

第六条 学生应当遵守学校的规章制度。不同年龄和认知能力的学生,有相应的避免和消除危险的义务。

学生的父母或者其他监护人应当依法履行监护职责,对学生进行安全教育、管理和保护。提倡学生的父母或者其他监护人为学生的人身意外伤害投保。

第七条 为学校组织安排教育教学活动提供场所、设施的单位和个人,应当健全各项安全保障措施。活动场所和设施应当符合国家和本市的安全标准。

第八条 对学生伤害事故的发生有过错的责任人,应当承担损害赔偿责任,法律另有规定的,从其规定。

第九条 下列情形之一造成的学生伤害事故,学校承担损害赔偿责任:

（一）学校使用的教育教学和生活设施、设备不符合国家和本市的安全标准的；

（二）学校的场地、房屋和设备等维护、管理不当的；

（三）学校组织教育教学活动，未按规定对学生进行必要的安全教育的；

（四）学校组织教育教学活动，未采取必要的安全防护措施的；

（五）学校向学生提供的食品、饮用水以及玩具、文具或者其他物品不符合国家和本市的卫生、安全标准的；

（六）学校组织安排的实习、劳动、体育运动等体力活动，超出学生一般生理承受能力的；

（七）学校知道或者应当知道学生有不适应某种场合或者某种活动的特异体质，未予以必要照顾的；

（八）学生伤害事故发生后，学校未及时采取相应救护措施致使损害扩大的；

（九）教职员侮辱、殴打、体罚或者变相体罚学生的；

（十）教职员擅离工作岗位，虽在工作岗位但未履行职责，或者违反工作要求、操作规程的；

（十一）应当由学校承担责任的其他情形。

第十条　下列情形之一造成的学生伤害事故，学校不承担损害赔偿责任：

（一）学生自行上学、放学途中发生的；

（二）学生擅自离校发生的；

（三）学生自行到校活动或者放学后滞留学校期间发生，学校管理并无不当的；

（四）学生突发疾病，学校及时采取救护措施的；

（五）学生自杀、自伤，学校管理并无不当的；

（六）学生自身或者学生之间原因造成，学校管理并无不当的；

（七）学校和学生以外的第三人造成，学校管理并无不当的；

（八）教职员在校外与其职务无关的个人行为引起的；

（九）不可抗力造成的；

（十）不应当由学校承担责任的其他情形。

第十一条　学生的父母、其他监护人的过错或者学生自身的原因造成学生伤害事故的，由学生的父母或者其他监护人承担责任。

学校和学生以外的第三人的过错造成学生伤害事故的，由第三人承担责任。

第十二条　完全由学校的过错造成学生伤害事故的，学校应当承担全部责任。部分由学校的过错造成学生伤害事故的，学校应当承担部分责任。

第十三条　对学生伤害事故的发生，当事人均无过错的，可以根据实际情况，按照公平责任的原则，由当事人适当分担经济损失。

第十四条　学生伤害事故发生后，学校应当根据现有条件和能力及时采取措施救护受伤害学生,及时通知受伤害学生的父母或者其他监护人。

第十五条　学生伤害事故发生后,学校应当在二十四小时内将有关情况报告学校所在地的区、县教育行政部门。属于重大伤害事故的,学校应当立即报告区、县教育行政部门及有关部门;区、县教育行政部门接到报告后,应当立即报告区、县人民政府和市教育行政部门。

第十六条　学生伤害事故发生后,学校应当及时成立事故处理小组或者指派专人负责事故的处理工作。

当事人可以自愿协商处理学生伤害事故。

当事人不愿协商或者协商不成的,可以向学校所在地的区、县教育行政部门要求调解。当事人要求调解的,区、县教育行政部门应当自受理之日起三个月内调解结束。市教育行政部门应当指导区、县教育行政部门的调解工作。

学校投保责任险的,保险公司应当参与学生伤害事故的处理。

第十七条　学生伤害事故发生后,受伤害学生、其父母或者其他监护人不愿协商、调解的,或者协商、调解不成的,可以依法向人民法院提起诉讼。

第十八条　学生伤害事故的赔偿范围应当根据人身伤害事故的具体情况确定。

学生伤害事故的责任人应当赔偿医疗费、营养费、误工补助费、护理费、交通费等为治疗和康复支出的合理费用。造成学生残疾的,还应当赔偿残疾生活辅助具费、残疾赔偿金;造成学生死亡的,还应当赔偿丧葬费、死亡赔偿金。

侵害学生人身权益,造成严重精神损害的,被侵权人可以依法请求精神损害赔偿。

学生伤害事故的责任人不承担解决受伤害学生及其亲属的户口迁移、房屋调配、工作调动等与学生伤害事故无关的事宜。

第十九条　发生学生伤害事故,可以要求赔偿下列费用:

医疗费,指受伤害学生为恢复健康进行治疗产生的必要费用。医疗费参照本市医疗保险规定进行计算,但抢救过程中的医疗费按照实际需要计算。

营养费,指受伤害学生为恢复健康确实需要补充营养所支付的费用。营养费按照本市居民人均年食品类支出标准计算。

误工补助费,指受伤害学生的父母或者其他监护人因需要陪同受伤害学生诊治或者处理学生伤害事故而不能参加工作导致劳动收入减少的费用。误工补助费按照本市上年度职工年平均工资标准计算。

护理费,指受伤害学生在住院期间和出院后生活不能自理需要专人陪护的费用,或者虽未住院但在诊治期间生活不能自理而需要专人陪护的费用。护理费参照本市护工从事同等级别护理的劳务报酬标准计算,给付期限按照治疗医院出具的诊断意见或者司法鉴定机构出具的鉴定结论予以认定。

交通费,指受伤害学生及其合理数量的陪护人去医院救治、诊治、陪护所需支出的往返路费。在能够保障及时就医的前提下,应当选择费用较低的交通工具,伤情危重的除外。

法律法规规定的其他为受伤害学生治疗和康复支出的合理费用。

第二十条　因学生伤害事故造成残疾的,受伤害学生除可以按照本条例第十九条的规定要求赔偿外,还可以要求赔偿下列费用:

残疾生活辅助具费,指受伤害学生因残疾需要配置(含更换)补偿功能器具所需的费用。残疾生活辅助具费按照普通适用器具的合理费用计算,伤情有特殊需要的,可以参照辅助器具配制机构的意见确定相应的合理费用标准。

残疾赔偿金。根据受伤害学生的伤残等级,按照本市上一年度城镇居民人均可支配收入标准,自定残之日起按二十年计算。

第二十一条　因学生伤害事故造成死亡的,死亡学生的父母或者其他监护人除可以按照本条例第十九条的规定要求赔偿外,还可以要求赔偿下列费用:

丧葬费,指处理死亡学生丧葬事宜所需的必要费用。丧葬费按照本市上一年度职工月平均工资标准,以六个月总额计算。

死亡赔偿金。按照本市上一年度城镇居民人均可支配收入标准,按二十年计算。

第二十二条　本市以市或者区、县为单位组织学校为其责任投保。

本市设立学生伤害事故专项资金,由学校的举办者筹集。专项资金的筹集和使用办法由市教育行政部门会同市财政部门另行制定。

第二十三条　学生伤害事故赔偿金可以一次性支付,也可以分期支付。

第二十四条　对学生伤害事故负有责任的教职员,教育行政部门或者学校应当给予批评教育或者行政处分;法律、法规有规定的,教育行政部门可以依法给予行政处罚;构成犯罪的,依法追究刑事责任。

第二十五条　在学生伤害事故的处理中,任何人不得侮辱、殴打教职员,不得侵占、破坏学校房屋、设施和设备,不得扰乱学校正常教育教学秩序。

违反前款规定的,由公安机关予以制止,并可根据《中华人民共和国治安管理处罚法》的有关规定予以处罚;造成人身及财产损失的,学校可以要求赔偿;构成犯罪的,依法追究刑事责任。

第二十六条　本条例下列用语的含义为:

(一)中小学校,是指本市行政区域内符合本市学校设置条件,经市或者区县主管部门批准的公办和民办的全日制小学、初级中学、高级中学、中等职业学校和其他中等以下教育教学机构;

(二)学生,是指前项范围内的在册学生;

(三)教职员,是指校长、教师以及学校的其他职工;

(四)学校的举办者,是指各级人民政府、行业主管部门和民办学校的出资人;

（五）教育教学活动期间，是指在校内活动期间和寄宿制学生住宿期间，以及学校组织安排的校外活动期间；

（六）人身伤害，是指肢体残疾、组织器官功能障碍及其他影响人身健康的损伤。

第二十七条　幼儿园发生的幼童伤害事故，可以参照本条例执行。

第二十八条　本条例自 2001 年 9 月 1 日起施行。

本条例施行前已经处理完毕的学生伤害事故，不适用本条例。

附录三

学生伤害个案报告卡

编号：☐☐☐☐☐☐☐☐

学生伤害个案报告卡

区（县）：_____ ☐☐☐

学　校：_____ ☐☐☐☐

年　级：_____ ☐☐

姓　名：_____

性　别：1男；2女 ☐

出生日期：____年____月____日 ☐☐☐☐☐☐☐

发生日期：____年____月____日 ☐☐☐☐☐☐☐

伤害时间：____时____分（24小时制） ☐☐：☐☐

伤害时段：1上课；2课（午）间休息；3早锻炼/课外活动；4上（放）学途中；5放学后；6节
假日；7其他_____ ☐

伤害场所：1学校非体育场所；2学校体育场所（不含游泳区域）；3学校公共游泳区域；
4家庭；5街道和公路；6自然水域/非游泳区域；7校外公共游泳区域；
8校外体育运动场所（不含游泳区域）；9其他公共场所；10其他场所：____ ☐

伤害发生时伤者活动：1体育活动；2消遣活动；3学习；4社会实践活动；
5家庭工作；6日常起居活动；7其他_____ ☐

伤害原因：1机动车交通事故；2非机动车交通事故；3跌落/倒；4钝器伤；5火器/爆炸伤；
6打/踢/拧/咬/抓伤；7碰撞/挤压伤；8动物咬伤；9溺水；10意外窒息；11触
电；12火灾/烧烫伤；13中毒；14刀/锐器伤；15自杀/自害；16他杀/加害；
17其他_____ ☐☐

伤害发生时伤者行为（仅限"伤害原因"为"1"或"2"时填写）：
1步行；2骑脚踏车；3乘脚踏车；4骑/乘电动自行车；5骑/乘助动车；
6骑/乘摩托车；7乘小汽车；8乘公共汽车；9其他_____ ☐

相撞的交通工具（仅限"伤害原因"为"1"或"2"时填写）：

　　　　　　1 脚踏车;2 电动自行车;3 助动车;4 摩托车;5 小汽车;6 公共汽车;
　　　　　　7 其他_____ □

伤害性质：0 复合伤;1 骨折;2 擦伤/挫伤;3 开放性伤;4 脱位/扭伤/拉伤;5 肌肉/肌腱劳
　　　　　损;6 挤压伤;7 烧/烫伤;8 脑震荡;9 呼吸系统伤;10 消化系统伤;11 神经系统
　　　　　伤;12 其他_____ □□□□□□□□

伤害部位：0 多部位 1 头面部;2 颈部;3 胸部;4 腹部/下背/腰椎/骨盆;5 肩/上肢;6 髋/
　　　　　下肢;7 腕和手;8 踝和足;9 呼吸系统;10 消化系统;11 神经系统;
　　　　　12 其他_____ □□□□□□□

转　　归：1 痊愈;2 身体永久性失能或残障;3 死亡;4 其他_____ □
因伤害缺课天数_____天(≥0.5 天)　　　　　　　　　　　　　　　□□□.□
事件简要小结：_____
_____

填报单位：_____ 填报人：_____ 填报日期：_____ 随访日期：_____
核对单位：_____ 核对人：_____ 核对日期：_____

填写说明：1. 凡因伤害而死亡或经医院诊治的个案均需填写本报告卡;
　　　　　2. 凡相符项目在其左边所属代码上划圈,并将代码填入右边方框内;
　　　　　3. 横线上均填写实际内容,并将其左边所属代码填入右边方框内。

附录四

中小学伤害事故统计表

_____学校伤害事故统计表（校园伤害事故）（表一）

统计时间：20___年___月___日～20___年___月___日

事故类型	学龄段	伤害后果(人)							事故责任(起)				受伤原因(起)				事故时间					事故赔(补)偿金额(万元)			
		死亡		骨折		其他		合计	学生责任	学校责任	公平责任	其他	合计A	学生违纪违规	教育教学管理等	运动伤害等	其他	合计B	一季度	二季度	三季度	四季度	合计C	校方责任险支付	其他保险支付	学校支付	总计
		男	女	男	女	男	女	男	女																		
运动伤害 共（ ）起	小学																											
	初中																											
	高中																											
玩耍打闹 共（ ）起	小学																											
	初中																											
	高中																											

续 表

事故类型	学龄段	伤害后果(人)							事故责任(起)				受伤原因(起)				事故时间					事故赔(补)偿金额(万元)			
		死亡		骨折		其他		合计		学生责任	学校责任	公平责任	其他	合计A	学生违纪违规	教育教学管理等	运动伤害等	其他	合计B	一季度	二季度	三季度	四季度	合计C	校方责任险支付	其他保险支付	学校支付	总计
		男	女	男	女	男	女	男	女																		
实验/劳动 共（ ）起	小学																									
	初中																									
	高中																									
春秋游/社会实践 共（ ）起	小学																									
	初中																									
	高中																									
其他 共（ ）起 请注明事项	小学																									
	初中																									
	高中																									
合计																											

注：1.事故后应立即送医院治疗；2.运动伤害时段含体育课、活动课、运动会等；3.事故责任与受伤原因统计数据应一致；4.事故赔（补）偿金额指统计周期内各方支付的事故（含非本年度所发生伤害事故）费用；5.未上报的死亡事故须另附页详报。

_____ 学校伤害事故统计表（非校园伤害事故）（表二）

统计时间：20___年___月___日～20___年___月___日

事故类型	学龄段	事故后果（人）							事故责任（起）				事故时间					事故地点				
		死亡		骨折		其他		合计	学生	监护人	其他	合计	一季度	二季度	三季度	四季度	合计	家	小区	马路	河道（水塘）	其他	合计
		男	女	男	女	男	女	男	女														
运动玩耍 共（ ）起	小学																							
	初中																							
	高中																							
交通事故 共（ ）起	小学																							
	初中																							
	高中																							
溺水事故 共（ ）起	小学																							
	初中																							
	高中																							
煤气中毒 共（ ）起	小学																							
	初中																							
	高中																							
火灾事故 共（ ）起	小学																							
	初中																							
	高中																							

续表

事故类型	学龄段	事故后果(人)								事故责任(起)			事故时间					事故地点					
		死亡		骨折		其他		合计		学生	监护人	其他	合计	一季度	二季度	三季度	四季度	合计	家	小区	马路	河道（水塘）	其他	合计
		男	女	男	女	男	女	男	女															
	小学																							
	初中																							
其他	高中																							
共（ ）起	合计																							

注：1. 事故后应立即送医院治疗；2. 未上报的死亡事故须另附页详报。

典型案例(表三)

学校责任事故典型案例 1 则

学生责任事故典型案例 1 则

科学规范处置事故案例 1 则

填表人：　　　　负责人：　　　　联系电话：

注：每则案例均须写清案件时间，当事人年级、性别，案件经过、处理结果及反思等，可另附页。

图书在版编目(CIP)数据

学生体育运动安全管理手册/陈佩杰主编. —上海:华东师范大学出版社,2019
(上海市学生健康促进工程系列丛书)
ISBN 978-7-5675-9151-6

Ⅰ.①学… Ⅱ.①陈… Ⅲ.①体育课-安全教育-中小学-教学参考资料 Ⅳ.①G633.963

中国版本图书馆 CIP 数据核字(2019)第 143008 号

上海市学生健康促进工程系列丛书
学生体育运动安全管理手册

丛书主编　薛明扬
主　　编　陈佩杰
责任编辑　李恒平
审读编辑　沈　苏
责任校对　郭　琳
装帧设计　卢晓红

出版发行　华东师范大学出版社
社　　址　上海市中山北路 3663 号　邮编 200062
网　　址　www.ecnupress.com.cn
电　　话　021-60821666　行政传真 021-62572105
客服电话　021-62865537　门市(邮购)电话 021-62869887
地　　址　上海市中山北路 3663 号华东师范大学校内先锋路口
网　　店　http://hdsdcbs.tmall.com
印刷者　上海展强印刷有限公司
开　　本　787×1092　16 开
印　　张　6.75
字　　数　114 千字
版　　次　2020 年 2 月第 1 版
印　　次　2020 年 2 月第 1 次
书　　号　ISBN 978-7-5675-9151-6
定　　价　49.00 元

出版人　王　焰

(如发现本版图书有印订质量问题,请寄回本社客服中心调换或电话 021-62865537 联系)